陳遠——著

遙想當年人物

黃永厚、余英時、李澤厚、唐德剛

等14位學人往事

contents

輯一 追憶

輯二　遙想

輯一

追憶

父親的遺產

關於父親，朱自清寫過《背影》，是名人寫父親，王芸生的哲嗣王芝琛寫過《我的父親王芸生》，是兒子寫名人。我一直想寫寫父親，卻又遲遲沒有動筆。因為許多隱痛無法面對。也是因為每次提起筆來，發現自己對於父親的一生，其實瞭解並不多。

父親走了兩年之後，我時常想起來，我能成為今天的我，對我影響最大的人，就是爸爸。可我對他瞭解太少，只知道他是個農民，小學畢業。所以略去他的一生，簡要列一個爸爸影響我的清單。

（一）要有個好身體

農村不像城市，城市寸土寸金，農村有的是地方。從小學起，爸爸就在院子裡安置了單杠、雙杠、吊環、甚至還有梅花樁，除了這些，每天還要跑步和做俯臥撐。這樣的生活一直持續到我到中學住校讀書。雖然後來對體育不感興趣，但是喜歡徒步和爬山。

（二）不許撒謊

大概是二年級時候，有一次管爸爸討了零錢去小賣鋪賣零食，櫃檯上恰巧有老闆忘記收起的一毛錢，老闆誤以為是我放到櫃檯上的。我一路心如撞鹿的回到家，興沖沖地向爸爸炫耀「沾了大便宜」，爸爸把臉一沉，要求讓我把錢給老闆送回去。而我執意不肯，要知道，那時候，一毛錢，也不算小數。當時爸爸正和幾個朋友打牌，一把把牌放下，就要「家法」伺候，朋友們都說不是什麼大不了的事，爸爸不依，我膽小，只好把錢給老闆送回去。從那以後，我知道，不能撒謊。

（三）要麼不做，要麼做到最好

沒有什麼太具體的事，但是這是爸爸常說的一句話。長大後，父親已經蒼老，有幾次想問問他：我做的你還滿意嗎？每次張開嘴，卻什麼也沒有說。直到爸爸去世，這句話我始終沒有問出來。

（四）可以不勞動，但是必須知道勞動的辛苦

那時候的農村，耕種之後，收穫之前，村民們每天都是在田裡耕作。父親是希望我讀書的，所以我可以不用幹田裡的農活，但是他們下田的時候，爸爸要求我必須跟著，感受風吹日曬，知道農耕的辛苦。

（五）看書總是好的

那時候在農村，我家的書算是多的，但也無非是金庸、梁羽生之類的。爸爸喜歡武俠，沒事時總是看書，我也跟著看。就是從金庸的小說裡，我看到了佛道儒這些傳統文化，進而發生了興趣。

（六）除了謀生，要有一兩種和謀生無關的愛好，生活才不至於太沒意思

從小學開始，爸爸每天要求我寫兩張大字，字帖是從小鎮上買來的，具體我不記得了，大概就是顏、柳、歐、趙之類的，買不到宣紙，就在廢棄的報紙上寫。那時候其實沒有感受到多少樂趣，

但是中年之後，發現寫字是最快樂的事。

（七）好好做事，做好了，就不用太考慮人際關係

爸爸不太擅長處理人際關係，但是他當時在我們縣裡還算是個受歡迎的人，因為他是我們縣裡最好的司機。這一點也影響了我，我也一直沒學好處理人際關係，到了中年，雖然有所好轉，但是先天的不足，無法彌補。

（八）少抽煙，對身體不好

中學外出讀書，學會了抽煙。當然在家裡是不敢的。有一天爸爸抽煙，順手遞給我一支：「來一支？」嚇得我連連擺手。爸爸說：「我知道你抽煙，這點我做的不好，沒有給你做個好榜樣，但是煙要少抽，對身體不好。」

（九）生活上不要和別人攀比，學習上要和別人攀比

中學時，突然就喜歡上了西裝和皮鞋。那時候西裝和皮鞋很貴。大概是高二還是高三，爸爸給我買了一身西裝一雙皮鞋，加起來好將近三百多塊錢。然後爸爸說了這句話。大學時，錢總是不夠花，爸爸會偷偷的給我寄錢，但是告訴我要省著花。畢業之後一直到現在，我除了抽煙、吃飯和買書，基本上沒有其他的花銷。

清單還可以列出很多，看起來似乎都是老生常談，但卻讓我時常想起。

大學之後，我偶爾還會寫毛筆字，有一次寫了字拿給爸爸看，爸爸說：「我現在的水準指導不了你，你要自己判斷。」第一次，我感覺到爸爸老了。

我大四那年，爸爸腦梗，幾近病危，我在醫院照顧爸爸，結果在醫院病倒（心梗），非常嚴重的那種。幸好病發在醫院，搶救及時，竟然無礙。後來和朋友說起這件事，朋友說：「你爸的病是為了救你得的。」

腦梗之後，爸爸不會說話了，我放假回家時，他會用手摸摸我的臉，看看是不是瘦了。

媽媽走後，剩下爸爸一個人，我讓爸爸和我們一起生活，他不肯。

有一次我去看望他，陪他吃飯，吃完飯，他扔掉拐杖，執意要拉著我的手回養老院。

追憶恩師：詞不達意的懷念

《書屋》雜誌創刊的時候，我讀中學。剛創刊的《書屋》，真是厲害，竟然發行到了我們那個偏僻的小縣城。作為一個文藝青年，我對所有的雜質報刊都充滿了興趣，每次到了報刊亭，不由分說的就把那些有點文藝氣息的雜誌買走。正是在書屋雜誌上。我第一次見到黃永厚先生的畫，具體的內容已經不記得了，但是當時給我的衝擊至今還印象非常強烈。

就是這位黃先生畫畫和我之前看到的國畫不太一樣。人家畫畫，都有個模本。畫牡丹就是牡丹，畫梅花就是梅花，第一次畫和第二次畫，看上去都一模一樣，當時在我的認識中，那樣的畫家才叫厲害。這位黃先生，卻不是這樣，他既不畫花卉，也不畫山水，說他畫人物吧，好像也不是那麼像。但是很奇怪，這位黃永厚先生的畫，卻讓人很難忘。

從那以後，我對於黃永厚先生就開始留心起來，每次看到他的作品，都會細細的琢磨半天，因為，他的每一幅畫，都有一段長長的跋，讀起來有些詼諧，似乎又別有深意。不好好琢磨一番，就很難得其要領。再後來《書屋》的封二，就換成了黃永玉先生畫。我讀大四那年，《書屋》的主編聶樂和到石家莊組稿。我跟大學老師謝志浩先生一起到賓館去和聶先生聊天，其間我還問了一句，書屋最早封二不是黃永厚畫嗎？怎麼後來忽然換成了黃永玉？聶先生聽我問這個問題略微一愣，一語帶過：黃永玉的名氣大一些嘛。

稍後又補了一句，這哥倆很有意思。當時我身處石家莊，消息閉塞，對這句話，並沒有放在心上。大學畢業後，確定了以歷史為自己一生的志業，讀史閱世，憂世憂生，早年對於永厚先生的關注，也就暫時放到了一邊。沒想到的是，從石家莊輾轉北京的我，竟然能夠和永厚先生相遇，並且開始了長達十餘年的追隨。

二〇〇五年，那時我正在《新京報》做記者，席勒去世兩百周年紀念會在北京召開，北京文化界名人一時雲集，永厚先生自然也在受邀之列，承攝影家李曉斌兄介紹，我得以認識永厚先生。

我的「長輩緣」一向很好，紀念會結束之後，我和永厚先生儼然已經像認識了多年的忘年交。自那以後，我便常常叨擾，或電話，或上門。渾然忘記了第一次登門時，永厚先生門上貼的「閒談不過半小時」的字條（事隔多年，字條的具體內容已記不清，大意如此）。但永厚先生對我的頻頻打擾似乎並不介意，反倒還有幾分喜歡。這也讓我再打擾他時，少了幾分忐忑。隨著越來越熟悉，發現永厚先生，不但不是不喜歡閒談，而是非常喜歡閒談，只要是跟他談人文領域的話題，基本上開了頭就沒完。老爺子雖然足不出戶，但是對人文領域的動態瞭若指掌，我自謂讀書龐雜，但經常是有些人文領域的新消息，還是從老爺子那裡聽說。有時候，他讀書到酣暢處，會給我打個電話，用很興奮的語氣告訴我誰誰又有了一個什麼樣的觀點，每到這個時候，他總是會說：「你不要說話，我給你讀一段兒啊……」如果是去老爺子家裡拜訪，案頭上永遠是一本正在讀的書和正在寫的密密麻麻的眉批。可是如果要是聊家長里短，聊不上三分鐘，老爺子就興味索然。

在他的客廳裡，有一幅黃永玉先生大幅畫作。畫作上，永玉先生的題跋是：「除卻借書沽酒外，更無一事擾公卿，吾家老二有此風骨。」這真是永厚先生的寫照。我曾經問他，你是一個畫家，卻為什麼卻要花費這麼多的時間在讀書上？

老爺子說：「我是一個畫家，可也是一個讀書人。我自知自己底子薄，過去讀書少，現在要拼命的補回來。大多數的畫家用了很多的時間，耗費在筆墨功夫上，不能說人家不好，但是我的畫，是要表達我的思想的。我從來不為自己的筆墨功夫不如人感到羞愧，但是要做到每一幅作品都能表達出一個自己的想法。」這實際上是老爺子的謙虛之詞，論筆墨，他並不輸於同儕，劉海粟，賴少奇，亞明，朱屺瞻等前輩畫家，都曾經對他有極高的評價。但是他筆下的作品所表達出來的思想，卻是同時代的畫家們所沒有的。

韓羽先生曾經這樣評價他：就畫跋看，白石老人著眼所在，仍是士大夫眼中的博學。黃永厚卻從鄭家婢的博學裡看到了蒙昧，黃從《世說新語》裡邁出了一步。白石老人，說句冒犯的話：「仍在原地打轉轉。」中國書畫，有著非常巨大的傳統，在裡面打轉轉容易，真正邁出一步，難之又難。

只是這樣的作品，不免曲高和寡，在時人眼裡，究竟還是花花綠綠的花鳥山水更好看，再加上老爺子有些孤傲的性格，使得他生前少為大眾所知。

但在圈子內，老爺子的水準有口皆碑。在我追隨了老爺子幾年之後，有一次在朋友聚會的場合，坐我對面的一位先生，書法家劉炳森的弟子，他忽然問我：「聽你談吐與見識，似乎應該有師承？」我答之跟隨永厚先生。那位先生離座起身，走到我身旁與我握手：「二先生是了不起的人物。」

我回去後告訴永厚先生，他自然也是高興的，但也僅僅是高興而已，並不以此自矜。我和永厚先生，原無師徒名分。二〇〇八年我搬到通州居住，當時買房未曾刻意，不想竟和永厚先生成了鄰居——從我們社區走到永厚先生居住的社區，僅需一刻鐘的時間。永厚先生知道這個消息，非常高興，畫了一幅大畫兒給我，打電話讓我去取。那時候，永厚先生的畫價已然不菲，我於是懦懦的推辭：這是不是太貴重了？老爺子哈哈大笑：「也不是每天都能賣出去。有時候出門，樓下的鄰居用車送我，我也會畫張畫，充當車資。」我於是不再推辭。

住的近了，來往自然也就更加頻繁。在後來我們聊天的時候，關於書畫的內容逐漸多了起來。從上古銘文到漢魏的摩崖碑刻，再到晚清民國的文人筆墨，老爺子為我打開了一扇與我之前的認識迥然不同的藝術大門。我對於書畫的興趣，也再一次被老爺子激發。喝了老爺子多少茶，抽了老爺子多少煙，已經無法統計，但是我對中國書畫的認識卻越來越系統而清晰。

有時也大著膽子寫幾個字，拿去給老爺子看。老爺子看了之後總是一副贊許的樣子。遇到他興致高的時候，他會拿起筆來，再寫一遍我寫的內容給我看。每次看完之後，我內心的自得就轉為羞愧。

對於我的內心活動，老爺子明察秋毫：

「你別著急，慢慢寫，寫字畫畫是沒有捷徑的。但膽子不妨放大一些。你總是看我寫的好，不過是因為老頭子活的年紀久，寫的比時間長，臉皮也要比你厚，不太在乎別人怎麼說。可是你一寫字呢，總是擔心人家說你，陳遠這個字寫的不好，又要想著，這個字顏真卿是怎麼寫的？柳公權是怎麼寫的？你這哪裡是寫字嘛？分明是自我折磨，寫字應該是件快樂的事情啊！」

大道至簡，老爺子的話，彷彿捅破了一層窗戶紙，讓我對於書法有了自己的認識。就這樣，雖有師徒之實，但無師徒之名的狀態持續了兩三年。有一次我扭扭捏捏的和老爺子提出拜師的想法。老爺子沒有搭腔，從書架上抽出一本簡繁的《滄海》讓我拿回家去看，一邊自己嘟囔：「可不要拜師，可不要拜師，你看看劉海粟，被他的好學生害慘了。」《滄海》是劉海粟的博士生簡繁，給劉寫的一本傳記，書中寫到了很多劉海粟先生不為人知的隱祕，極盡誇張，且虛虛實實。只是我有點詫異，我拜師和簡繁的這本書有什麼關係呢？

陸陸續續讀完了那本書，我有些明白，黃老經歷過非常年代，儘管他對這個世界的熱情沒有減少，但由於對人性有深刻的體察，在他的內心深處，對於當下的世界，多多少少，還是有一些警惕和戒備。因為對這個世界太過熱情，所以要在內心建立一個壁壘，以防自己受傷。有一次，我正在外地，黃老打電話給我：「今天南方週末上發了一篇章詒和的文章〈陳姑娘，你的柔情我永遠不懂〉，你看了沒？」我說沒有。老爺子說你一定要找來看看。章詒和對於人情的體察，真是了不得。我找來南方週末，讀了那篇文章，果然如此。那篇文章，在章先生的文章中，從話題上說算不上特別引人關注的。若不是黃老提醒，我也不會特別關注。這是兩位對人心都有深刻體察的前輩的惺惺相惜。大哥黃永玉曾經寫過一幅聶紺弩的對聯送給他：「中年多隱痛，垂老淡虛名。」隱約透露出永厚先生中年曾經遭遇坎坷。但我追隨先生十幾年，從未聽他抱怨過，反倒常常說：「上天已經待我不薄，大家都不容易。」

有些事情反倒是後來聽師兄黃河跟我說的。永厚先生中年時，常喜歡招朋引伴，自然有時就忽略了家庭，除了安風大姐和師兄黃河之外，他還有一個女兒，因為車禍而去世。女兒去世時，永厚先生正在與朋友們聚會，他接到電話，心中的悲傷可想而知，但仍然回到聚會現場，和朋友們一一告別，然後一個人走出大門，嚎啕大哭。

他內心有熾熱的情感，又遭逢喪女之痛，一時無法排解，精神狀況幾近崩潰的邊緣。故土的一草一木，都會引發他的傷感。師兄黃河看到這種情況，主動的承擔起家中的事務，永厚先生則告別故土，隻身來到北京。

八〇年代，師兄黃河大學畢業，從不喜歡辦畫展的永厚先生，決定辦一次父子畫展。那個時代雖然已經有了開放的風氣，但是要辦畫展還是需要層層審批，一個只知道讀書的書生，哪裡應付得了這麼多的環節？一變再變，最初計畫在上海美術館開展的畫展，最終只能在冷清的虹口公園舉辦，也沒有任何的宣傳報導。

可是在畫展的最後一天，幾位上海畫界的重量級人物：顏文樑、朱屺瞻、關良、錢君匋等人，不知道從哪裡聽到了消息，紛遝而至。對永厚先生的畫作，讚賞有加。事隔多年之後，永厚夫子拿著當年父子畫展的照片，一面唏噓，一面感激不已：「這張照片，不知道當時誰給照的，這些人我那時一個都不認識。」

彼時，永厚先生還在合肥工大任教。他講的課雖然備受學生們的歡迎，卻遲遲沒有評上教授。後來方勵之知道了這個情況，說：「黃永厚這樣的人不評教授，還有誰可以評教授？」這樣，永厚先生才成為一名教授。雖然他從來不以教授自誇，但是他的教授職稱是方給評的這件事，還是讓他頗為自得。縱然經歷了許多的風風雨雨，縱然對人性的幽暗有諸多體察，縱然在內心深處建築隱祕的壁壘，他對於這個世界的熱情和自身的天真，卻沒有減少。

二〇〇一年，《現代化陷阱》一書的作者去美之前，曾有過北京之行，當時何清漣的情況，大多數人唯恐避之不及。永厚先生聽聞，自告奮勇邀集了一幫朋友請何清漣吃飯。「我那時剛好賣了幾張畫兒，手頭有點錢，我帶了八千塊錢，結帳時竟然不夠，好尷尬，幸虧北京飯店的經理認識我，幫我解了圍。」

大概是二〇〇五年，有一天，他給我打電話：「王學泰你肯定認識，我讀了他的一篇回憶文章，這個人太了不起，上高中的時候，就能夠認識到畝產萬斤不可能。我想認識他，我覺得他就是國士無雙，我要給他畫一張畫。」

那時還沒有搬到通州的我，恰巧就住在王學泰先生家的附近，並且相處甚洽。我去給王學泰先生送畫時，王先生說：「黃老是前輩，他這樣做，我怎麼當得起？太慚愧了，你幫我問問黃老，他什麼時間方便？我和我愛人登門拜訪。」王先生還跟我說了一件逸事，其實在此之前，王先生和黃老曾經在三聯舉辦的一次讀書會上遇到過，當時兩個人就坐對面，王先生說：「我認識黃老，可是黃老並不認識我，又擔心別人說我高攀，所以就沒有上前打招呼。」我把這段逸事告訴黃老，黃老當即打電話去問拉他去參加讀書會的朋友：「你當時為什麼不介紹我認識王學泰？」那位朋友趕忙解釋：「我以為你們認識。」黃老從不以前輩自居，對於比他年輕的晚輩，總是不遺餘力的鼓勵和提攜，這兩件事情，在他的一生中，在他的生命中，不過是微不足道的小事，且不勝枚舉。黃老去世之後，我在微博上看到許多年輕人，發自內心的懷念，無一例外的都提到了黃老對他們的幫助，讓我比較吃驚的是，這些人當中竟然還有搖滾歌手左小祖咒和張楚。黃老一生幫助過多少人？他從來不曾說起過。

二〇〇八年，我在《新京報》受厄。大概有一個多月的時間，不曾到黃老家中拜訪，他打電話問我為何如此長的時間沒有露面？是否有什麼困難？我支支吾吾。他於是直接的說：「如果你在家又有時間的話，就到老頭子這裡來聊聊天。」

我去了，老爺子單刀直入地說：「我想你大概是遇到了什麼困難，又不願老頭子擔心。可是說無妨，萬一我能幫得上呢。」我於是不再隱瞞，把自己當時的遭遇和盤托出。老爺子聽完，面露難色，許久沒有說話。後來，他說：「你先回家，容我想想。」我從黃老家下樓，心緒煩亂，就在他家樓下，一邊踱步，一邊不停的抽煙。

又過了兩天，黃老又給我打電話：「我給張思之畫了一幅畫，你能不能幫我給他送去？還有別人送我的上好的雲腿，也一定麻煩你送過去。」我當時未曾多想，應承下來。

見到張老，把黃老的畫作和雲腿交付，我就想離開。張老叫住了我：「你的事兒，永厚跟我說了。我來幫你解決。」

在張老的援手之下，我的處境得以緩解。

事後我去黃老家中彙報此事，他說：「你走之後沒有回家，在樓下一根煙接著一根煙的樣子我都看到了，想著你還要贍養父母和撫養孩子，真是讓人心疼。我那時也不知道能不能幫上你，只好狠心把你趕走。」

我再次提及拜師之事，黃老竟沒有推辭。我問他要不要搞一個儀式，他笑了起來：「想不到你年紀輕輕，腦子裡還有這麼封建的想法，搞什麼儀式呢？我認你這個學生，你就是我的學生了。」

不久之後就是端午，我帶了自家包的粽子去黃老家裡，他十分高興：「學生來看老師了。」立即讓家裡的保姆把粽子熱了來吃。

二〇一四年，因為孩子上學，我把家從通州搬到海澱。搬家時各種忙亂，大概有一個月多月的時間，未曾給老人家打個電話問安。很罕見的，我也沒有接到老人家打給我的催促電話。等我安定下來，打電話過去，電話卻一直沒有人接。

這種情況持續了一周。我忽然接到一個電話，是黃老家的保姆，從上海打來的，告訴我黃老正在上海華東住院。保姆告訴我，黃老一開始擔心告訴我，會給我增加負擔，後來又擔心我打電話找不到他著急，加上又十分想念我，所以讓她告訴我情況。並且說黃老想和我通個電話，聊聊天。

我拿著電話，一時哽咽，不知說什麼是好，只記得老爺子在電話那邊一直說：「我很好，你不要擔心，也不要來看我，等出完院我就回北京了。」

放下電話，我訂了去上海的機票，趕往華東醫院。老爺子看到我，一方面很高興，一方面又責怪我：「都告訴你了，不讓你來。黃河和女兒這不都在嗎？你趕緊回去安心工作。等我出院，咱們在一起寫字畫畫。」

不想在醫院一住就是半年。老爺子生性好強，手術之後，假如衣冠不整，絕對不肯見人，哪怕面對的是自己的兒女也是如此。只是他明顯見老了。

出院之後，老人家虛弱了很多，也消瘦了很多，加上有術後併發症，身邊再不能離人。師兄黃河和大姐風安，為了便於照顧，把老爺子接回了合肥。

可是他的朋友們都在北京，合肥能夠和他聊天的人很少，老爺子很是寂寞。每次我去合肥看他，他總會問到那些在北京的朋友：邵燕祥怎麼樣？林東海怎麼樣？宋紅怎麼樣？王得後怎麼樣？……全然不顧我和這些前輩有些並無交往。但我又特別能理解老人家的心情。

二〇一八年，四月份左右，有一天我接到老爺子的電話，他問我：「我回合肥這麼長時間了，你也不來看看我？」

我很詫異，因為自從他回合肥之後，我每年都會過去看望老人家。但當時也未多想，只是跟他說：「等過些天，涼快一些，我過去看您。」通完電話沒幾天，收到了老爺子從合肥寄來的作品，是我的畫像，是我第一次和老爺子見面時的樣子。老爺子說，他打算要寫一篇文章，從他的老師張仃寫起，然後一直寫到我。這樣就算是把關係交代清楚了。

事後想起來，他之所以不記得我去合肥看他，其實是記憶力已經開始衰退了。很多時候，打電話說不了多久，就會覺得疲憊。

進入五月，有一次打電話，是大姐風安接的，大姐告訴我，老爺子的身體狀況不太樂觀，偶爾會昏迷，並且不認得身邊的人。

「他清醒的時候還是經常念叨你。」大姐說：「不過你不用急著過來了，有什麼事兒我們再通知你。」

放下電話，我匆匆忙忙訂了去合肥的車票。到了家裡，看到老爺子的狀況確實很不好，下床已經有些困難。我走過去坐在他身邊，他睜開眼睛看到我，臉上露出笑容，要掙扎著坐起來。師兄黃河、大姐和我都笑了，老爺子還認識我。

過了一會兒，他又要掙扎著坐起來，執意讓我們扶他到椅子上，讓我給他鋪紙。他要寫字給我看。

只是他太虛弱了，筆總是拿不穩，這和我前幾次到合肥看他的情況很不一樣。前幾次，他的身體雖然虛弱，但是一拿起筆，就神采奕奕，彷彿從來沒有動過手術。但是這一次，他寫了幾次，都不是很成功。

他坐在椅子上，著急，嘆氣：「他媽的，怎麼就拿不穩筆了！」他寫累了，讓我扶他上床休息。

很想能夠在合肥多陪他些日子，只是當時諸事纏身，最後只能一如往常匆匆返京。

八月七號，晚上十點多，接到師兄黃河的短信，永厚夫子去世了。淚水模糊了雙眼，一直到現在，依然想不起和師兄黃河通電話時說了些什麼。

我和顏家文先生，趕到合肥，去和永厚夫子見最後一面。他安靜的躺在棺木裡，我卻看到了他一生掙扎卻始終不屈的靈魂。

永厚夫子走後，我時常想起老人家，想記錄下在他身邊的點點滴滴，只是每次提起筆，卻總是不能抑制住自己的情感，直到老人家去世一周年的今天，才有了這樣一篇辭不達意的懷念。我想，老人家在天堂應該一切安好，只是我再想和他通個電話時，再也無法撥出。

二〇一九年八月八日

追憶余英時先生

美東時間二〇二一年八月一日，歷史學家余英時先生在家中安詳辭世，沒有驚動任何人，余師母和女兒把余先生安葬在普林斯頓余先生父母的墓旁，才對外發佈消息。

作為學術後輩，多年來深受先生澤慧，聽聞消息，情難自禁，卻又一時不知如何表達。三年前，余先生米壽時，我曾寫過一篇短文，回憶和余先生交往的往事，茲錄於此，以做紀念：

今天是余英時先生米壽，他不用手機，也不用電子郵件，不為外物所役，本來想給先生打電話祝賀，又擔心他覺得俗套。又或者，應該有更多先生的門生故舊會為先生祝賀，他也許忙的顧不過來。

電話終於沒打。但作為深受余先生恩澤的學術晚輩，非常想在這樣的時刻對先生表達我的敬意。

時間過得真快，一晃和余先生相識也快十年了。

最早和余先生聯繫，是得益於李澤厚先生的引薦。因為讀過余先生所有的著作，所以雖然是第一次聯繫，卻沒有陌生感。第一次通電話，就聊了近兩個小時。後來才知道，那時候，余先生正在開展他新的學術計畫，治學至勤的余先生，對於像我這樣一個後生晚輩，竟然能不厭其煩的解答那麼久，於他來說，不能不說是時間上的浪費。然而至始至終，我沒有感覺到先生有一絲厭煩。至今想起來，還是十分感念。

之後雖然知道先生繁忙，卻有難忍向先生請教的機會，時常會有問題向先生請教。印象中比較深刻的一個問題，是我問余先生為什麼中國傳統文化在經歷了百家爭鳴之後選擇了儒家作為正統。當時余先生沒有回答，後來他在寫《天人之際》一書，對此卻有闡發。不敢說這是我和先生探討的結果，這個問題，本身就是余先生感興趣的問題，他沒有回答我，恰恰是老輩人的嚴謹所致。

拙作《燕京大學一九一九—一九五二》出版之前，作為以余先生為學術偶像的我，再加上余先生的父親曾經在燕京大學執教，余先生也曾經在燕大短暫求學，所以想請先生寫幾句話。先生是愛惜羽毛的人，在門生故舊之外，極少為人寫序。先生當時也是推辭的，後來又不忍駁我情面，於是寫了一封短信給我，說由我處理。但就是那麼短短幾句話，先生竟然通讀了全稿，並仔細問我當時搜集材料的範圍，這又是余先生那一代人做學問嚴謹的體現。

我很少崇拜人，尤其是中年以後，倪匡是我青年時的偶像，中年之後，余先生是唯一讓我在學術上崇拜的前輩。我的思想啟蒙，最早得益於胡適之，學術啟蒙，則受益於余先生。常常想，在一個沒有胡適的時代，能夠讀到余英時，我們是多麼幸運。

以余先生，取得的成就，即使舉步不前，也少有人能有企及。但是余先生的勤奮，在我所接觸過的前輩中也是罕見的。有一段時間我給余先生打電話頗勤，之前不知規律，總是在美國時間上午的時候打過去，結果都是陳師母接電話，每次的回答也都相同：「他去圖書館了。」後來陳師母告訴我，余先生都是早晨即去圖書館，下午再回去。這種對於學術上的不懈追求，常常給我一種不敢懈怠的力量。

我曾經寫過一篇短文，妄評余先生的學術，簡而言之，我以為，在學術上，余先生是唯一可與清代大儒戴震比擬的當代學人。但是，余先生在學術之外，還有對現實的關切。

大的不便講，這裡說件小事。

有一年李澤厚先生回國。恰巧那段時間我和余先生通電話，余先生讓我向李先生問好。並且順便說：「聽說李先生的腿摔傷了。」我當時特別驚訝，我在國內尚且不知，余先生是怎麼知道的？過幾天給李先生打電話，果然，李先生告訴我，前段時間摔傷了腿。這件小事，可以從一個側面，反應余先生的信息收集和材料收集的能力有多大。

還有一次，國內某位大畫家發表頌聖詩，我在電話中和余先生說起此事，余先生對此非常鄙視。我思慮未深，發了個朋友圈，那時候的朋友圈還不像現在像個廣場。但不想竟被某大畫家看到，氣勢洶洶的去質問余先生。後來余先生打電話給我，並沒有責備，只是說：「你在國內那樣的環境，要知道保護自己。」

前年的時候，章詒和老師在臺灣出版文集，想請余先生題寫書名。找了幾個人，均說不敢冒昧和余先生提起。我聽說了，自報奮勇，說我來給余先生打電話。當時章老師還問我：「你行嗎？」我不知道從哪來的底氣，說：「行。」

說完後才犯了愁，萬一余先生不答應怎麼辦？結果余先生聽後毫不推辭，並且讓我向章老師轉達他的問候：「告訴章詒和，我很支持她。」

去年的時候，北大的一個朋友去美國訪學，特別想去拜訪余先生。讓我從中引介。那時候我剛從公司出來不久，雖然有模糊的目標，但正處在彷徨時期。所以沒有給余先生電話，而是直接把余先生的電話給了這位年輕的朋友，帶了一本冊頁給余先生，讓她說我讓她帶東西給余先生。余先生接到年輕朋友的電話，非常高興。後來年輕朋友打電話跟我說，余先生希望我時常打打電話給他。

我接觸過很多的人，有些人，接觸久了，最初的敬畏就沒有了，但是余先生接觸越久，就越是仰之彌高，望之彌堅。

余先生去世後，我寫了一幅輓聯表達哀思，輓聯如下：

追憶李澤厚先生

在網上看到趙士林老師發佈的李澤厚先生去世的消息，感覺很突然。想想先生也是九一歲的高壽，不應該是讓人覺得突然的事情，只是一直覺得先生精神矍鑠，他那從來沒有停止思考的大腦，是不應該突然停擺的。

這幾年，和李先生的聯繫很少，但不斷地能夠從網上看到他的消息，金庸去世，他寫了一篇充滿爭議的悼文，何兆武先生去世，他寫了輓聯，余英時先生去世，他也寫了輓辭。其實，這不大像他的性格。

據李先生自己講，他不太喜歡交往，也不太喜歡連絡人，這也許和幼年時的家道中落有關，過早的看透了人情冷暖，但在我看來，還是因為李先生那顆有著超人智慧的大腦，智者很難熱情，於世於人，都保持一種淡淡的距離。此時我來評價先生，可能也是強作解人。

大概是在二〇〇五年，我正在《新京報》做當代學人口述的專案，李先生當然是不可繞過的對象，我托趙汀陽老師向李先生轉達我想給他做口述的想法，那時候的李先生想來是有些寂寞，他答覆我說：「聊什麼呢？聊了也發不出來。」我那時初生牛犢，回了一句：「不試試怎麼知道發不出來呢？」李先生說：「那就聊聊。」

那年，李先生回國，我到他府上拜訪，他似乎不大愛說話，也許是覺得我沒有能力和他對話，幾乎是惜字如金。我為了打開局面，不得不和他聊起他感興趣的思想史，忘記了當時我說了一個什麼觀點，引起了他的興趣，他問我：「我在美國發的一篇文章，你看到過沒有？你這個觀點跟我文章的觀點很相近。」我如實回答：「沒有。」他說：「你這個年輕人有點意思。」轉身回到房間，拿了一本《告別革命》，這本書送給你。我當然不肯錯過讓他簽名的機會，他笑著說，我基本不給人簽名，但就給你簽一個吧。

後來，和李先生的對談發表在《新京報》上，這是李先生去國十五年之後，首次見諸於國內的報刊。

李先生看到文章發表出來，應該還是很高興的。自那以後，和李先生就時有往來，每次他回國，總是要通通電話，或者是見見面，在他狹小的客廳裡，他穿著睡袍，我亦不修邊幅，我和李先生應該算是隔代人，但卻沒有什麼隔閡。

後來我那本《李宗吾新傳》出版時，本來想請他作序，他很痛快的回絕了：「我眼睛不好，也不願給人做序。」

書出版後，我寄了一本給他，沒有指望他會看，只是盡一個晚輩的禮數而已，不料有一天他打電話給我，問我有沒有時間去他那裡聊一聊。他看完了我的書，有些想法想和我探討。我當然是喜出望外：「這可是李先生啊！從來不主動聯絡人的，竟然主動給我打電話，叫我去找他聊聊。」可惜的是那時疲於為生活而奔波，竟最終錯過了這次機會。想起來真是讓人遺憾的一件事情。

劉再複先生說：「李澤厚是一個性格特異的人」，這真是老友之間的知人之論，不瞭解李先生的人，多半會覺得李先生很難相處，他講話非常直接，又非常犀利，常常會讓人覺得難堪，有一次我到他家裡拜訪，正好趕上一位仰慕他的企業家也來拜訪，李先生對那位企業家說：「你還是專心做企業的好，學問是你不擅長的，我們也沒有什麼太多可聊的。」說完就下了逐客令。

但瞭解他的人，知道他是向來如此，也就不會因此而掛懷。李先生直率是直率，但是不矯飾，不造作。

其實李先生也有很隨和的一面。有一年，李先生回國，趙汀陽老師召集一幫朋友搞了一次雅集，李先生是主角，當時還有幾位年輕的學生，那些學生大多做了準備，帶了筆記本，讓李先生簽名，但當時有一個女生沒有帶，急得幾乎要落淚，座中開玩笑：「你可以把外套脫下來，讓李先生把名字簽到外套上。」其實這個玩笑是很不得體的，一時間氣氛有點尷尬，但李先生很隨和的說：「這樣的事情對於我這個老頭子來說沒有什麼，但不能糟蹋了人家女孩子的衣服。」這是注解過《論語》的李先生「隨心所欲而不逾距」的境界。

還有一次，有一個朋友想採訪他，請我幫忙和李先生聯繫，李先生拒絕了，我再請求，李先生說：「你這是『為人謀而不忠乎』。」這是他很風趣的一面。

李先生直率，二〇〇八年，我女兒出生，我把這個消息打電話告訴李先生，他也很高興，一方面向我表示祝賀，一方面又批評我「愚蠢」，他認為人生短暫，不應該過早的被家庭羈絆。之前他曾和我講過，他和李師母是在結婚十年之後才決定要孩子。之後沒多久，我在《新京報》受厄，遭遇人生中的第一個低谷，他聽說後打電話來的情況問我情況，我如實以答，他說：「你太年輕，善良的近乎愚蠢。」關於那件事情，其實我和李先生的判斷是一樣的，只不過我也有我的堅持。後來的事情果真如李先生的判斷，但我回想起來並沒有什麼後悔的地方。

還有一些事情是聽來的，比如在他兒子的婚禮上，他談到背叛，說如果你們將來出軌的話，請一定記得帶避孕套。（大意如此）揆諸中外，如此石破驚天的言論，恐不多見。

李先生近七十歲去國，在異國學會了開車，他的英語又不是那麼靈光，想必別有一番艱辛，但李先生倔強如斯，獨立如斯。有一次他回國，跟我說起他曾想去蹦極（高空彈跳），把周圍的人都嚇了一跳，最後還是被趙汀陽老師勸阻了，李先生說起這段往事的時候哈哈大笑：「蹦極有什麼？你們這些年輕人還不如我這個老年人。」

李先生給我印象深刻的地方還有一點，就是他很喜歡強調自己有錢。他和我講起他第一次發表文章拿到稿費，說：「那在當時，可以說是一筆鉅款。後來我靠版稅生活，錢也足夠花，我從美國回來，都是坐商務艙，也不用人給我報銷，完全自費，因為我有能力負擔得起。」他和金庸的公案，引起了不小的爭議，不識者以為李先生愛財，其實李先生對於金錢的態度並不熱衷，在他去國之際，一個仰慕他的朋友，幫了不少忙，他就將自己著作的版權，全部交給這個朋友處理，事後完全不過問，有人給他開出更高的條件，他也不為所動。李先生只是不恥於談錢，他屢屢強調自己有錢，大概也是一個知識人的自得：「一個人靠著書立說，也可以過得並不窘迫。我以為這才是一個知識人的尊嚴所在，也是保持自己獨立性的基礎。」

關於李先生的學術和思想，我沒有能力進行評判，之前曾經寫過幾篇小文章，其中有這樣一個斷論：李澤厚在思想上超越了黑格爾，在學術上則超越了其師任繼愈。李先生看到了以後，說別人看到文章會以為是因為咱們關係好，你才這樣說的。果不其然，有其他的朋友看了文章後說了和李先生同樣的話。其實，李先生的學術地位哪裡需要我來抬高？他在學術上極為自信，自其學術思想形成之後，就再也沒有變過，我曾經和李先生戲言，這一點上他酷似康有為，他雖未肯首，但亦未反駁。上個世紀九〇年代，李先生去國之後，學界「超越李先生的聲音」一度甚囂塵上，但，李先生，是那麼好超越的嗎？如今李先生已作古人，我們回過頭來再看李先生的著作，真是不刊之論。

最近，我也在重新梳理我對《論語》的認識，李先生簽名的《論語今讀》，是我最近的的案頭書，每次讀，李先生的音容都宛在面前，聽聞李先生渠歸道山的消息，草擬一聯以挽先生：

揮手從茲去，世間再無謀國者；
此地一為別，仙班新列思想家。
願李先生安息。

懷念唐德剛先生：廣陵散從此絕矣

題記：標題是一位飽受爭議的歷史學家，給一生顯赫的外交家顧維鈞寫下悼詞時用的題目。歷史學家的名字叫唐德剛。二〇〇九年十月二十六日，唐德剛在三藩市家中安靜辭世，同時帶走的，還有他別具一格的史風。

二〇〇九年十月二十六日，史學家唐德剛先生在位於美國三藩市的家中安詳辭世。他的身後，留下了《胡適雜憶》、《胡適口述自傳》、《李宗仁回憶錄》、《袁氏當國》、《晚清七十年》等著作。它們所帶來的影響，在整個華語文化界不會平靜下來。首先是島內媒體報導了這一訊息，隨後內地媒體蜂擁而上。

他曾經在歷史中尋找他人的人生，現在，輪到別人在歷史中尋找他的人生了。

「胡適最好的好後學」

「胡適最好的好後學」，胡適去世之後，他的「小腳太太」江冬秀在一封信中如此稱呼唐德剛。唐氏生前，也總以胡適門生自居，這給他帶來不少爭議。

在學術界看來，學術上代有傳承，「衣缽」意味濃厚，唐德剛，不過是聽過胡適的課，不過是因緣巧合，曾經和胡適過從甚密，但原則問題不能馬虎，唐德剛總以胡適門生自居，這是拉胡適的「虎皮」，壯自己聲威。

可是縱覽唐氏關於胡適的著作和文章，就會發現，我們都被這位聰明的史學家騙過了，唐德剛自稱是胡適的學生不假，但卻從來沒有稱過胡適是自己的「業師」，充其量，也就是「老師」。在學術界，「業師」和「老師」，分量差著一截呢。唐德剛的業師是誰呢？在《胡適雜憶》中一個小小的注腳裡，唐德剛是這樣說的：「筆者的業師，也是胡先生康奈爾時代的同學和好朋友，」他的名字是「晏文斯」。

看看唐德剛在胡適逝世二十五周年紀念會上的演講就知道，唐德剛深得這種區別的其中三昧。演講開篇，唐德剛先聲奪人：「我是胡適的學生。」

不過且慢，再看唐先生接下來如何說：「胡氏是教育家，授徒半世紀，桃李滿天下，生徒數萬人……門生遍天下，——我也是個門生和小門生之一。」

況且，「在這個有人數上萬的學生大隊裡，如果說傅斯年、羅家倫、張國燾等北大學生是胡老師的開山門生，什麼俞平伯、千家駒、吳健雄、蘇梅算是第二代學生……等而下之，則有四五代乃至六七代之多了。我不能不承認我也是胡適之的學生。」

再況且，「胡老師生前一直是這樣替我介紹，我也從未否認過。做胡老師的學生，不是什麼榮譽學位，不是什麼了不起的光榮，但也算不了什麼缺陷和負擔。……我沒有正式拿他的學分，但是我卻單獨上過『胡適學』大課在一千小時上下，……我不是替胡先生提皮包、延賓客……」

更況且，「我是胡適最失意、最孤獨時代的學生」。五〇年代的胡適在美國，「貧困交迫，心臟衰弱、胃潰瘍……十分可憐，又受洋人嫉妒，他無法『自生』，卻在等著『自滅』，情況是十分淒涼的。」那時正在哥倫比亞大學讀書的唐德剛，「帶一個西瓜、半隻板鴨去看一個貧病交迫的老師和師母」，豈不是他們需要的嗎？這也是唐德剛唯一一次公開稱江冬秀為「師母」，但此時的江冬秀，墓木已拱。通讀《胡適雜憶》就會發現，在江冬秀生前，唐德剛每次見到這位「小腳太太」，總是叫她「伯母」。

「伯母」和「師母」之別，世人皆知。

學部委員、社科院研究員楊天石說讀唐德剛會笑出聲來，我讀唐先生的書，也是禁不住笑出聲來。不過，「胡適的學生」這一段公案，卻可以就此了結。

史學家眼中的「野狐禪」

唐德剛與胡適相識，真可以說是機緣巧合。上個世紀初期，胡適的母校哥倫比亞大學正忙著慶祝建校兩百周年的紀念活動，胡適是名校友，在校園內集會的場合，常常能看到他的身影。

那時的唐德剛，正在哥倫比亞大學讀美國史博士學位，是為數不多的中國文法科的研究生。一個是校方邀請的主客，名滿天下；一個是在讀的學生，無名小卒，即使在同一座校園這樣有限的範圍裡，相識的機率也不是很大。但是「我的朋友胡適之」，生性喜歡與年輕人打交道。一有機會，他就會走過去和唐德剛那些學生拉把手，「嘻嘻哈哈聊一陣」，唐德剛最初以為，拉把手之後也就算了，但是「對這些小地方極為注意」的胡適，三兩次之後，便可以和唐德剛稱名道姓起來。

唐德剛開始登堂入室，甚至有時候還會被「應召」到胡適東城八十一街簡陋的小公寓裡，吃一兩餐「胡伯母」所燒的安徽菜。

一幫年輕的留美研究生，圍繞在胡適周圍。胡適一生重視言論，鼓勵他們在海外自辦報刊，這一群青年人，受了胡適的感召，果然辦了一份《海外論壇》。史學家周策縱、文學史家夏志清，都是這群年輕人之一，也都是這個雜誌的撰稿人。就連胡適，也紆尊降貴給這份雜誌寫了一篇關於曹雪芹的文章，並且還引起了《人民日報》的注意。

虎虎有生氣的唐德剛，在學生時代就受林語堂之約寫下了《梅蘭芳傳稿》，唐氏文風已經嶄露頭角。喜歡平實文風的胡適看了，不好直說，只是笑笑：「稍嫌渲染，稍嫌渲染……」

但是後來和唐德剛同時代的史學家們，則沒有胡適這麼客氣，甚至認為，唐文那種興之所至、意之所歸的筆法，根本不符合學術規範。學術界曾經流傳這樣一個逸聞，當年一家內地出版社曾經想組織一套海外史學論叢，唐德剛名列其中，不想，另外一位史學大家看了，負氣地索回自己的書稿：「竟然把我的書和唐德剛的書放在一起，荒唐！」

無論多麼有名氣，在史學正規軍眼裡，唐德剛始終是「野狐禪」、「雜牌軍」，就連「胡適門生」的招牌，在正規軍那裡也不管用。在這些人的眼裡，胡適的學生是吳晗、羅爾綱，怎麼也輪不到你唐德剛啊！唐德剛的老友周策縱和夏志清倒是曾經肯定過他，但是一個說他「行文如行雲流水，明珠走盤，直欲驅使鬼神」；另一個則說他「散文界有此唐派新腔可聽」，「十分可喜」。都是肯定他的文字風格，對於他的治史才能，反倒避而不提。

仔細咂摸（思索）唐德剛在胡適逝世二十五周年的演講，發現他雖然名滿天下，但似乎有些底氣不足。證據當然還不只這些，翻看唐氏著作，也會發現蛛絲馬跡：比如唐德剛回憶自己一九六四年在倫敦與當代一些華裔史學界巨擘「聯床夜話」，他使用的一個詞是「有幸得與」；引用胡適當年的典故，他還不忘拉上「今日的名史學家余英時先生」：他「也徵引了這一段胡適之的口頭『禪』」；唐德剛倒是有一次自稱「我們歷史學家」，可是他面對的是少帥夫人趙四小姐……

唐德剛說胡適晚年在哥倫比亞，確實把哥大看成北大；但哥大並沒有把胡適看成胡適啊！這話如今也在唐德剛身上應驗了：唐德剛對史學確實一往情深，可是史學界卻不認可唐氏的「正史」地位。

如今，斯人已逝，但有關他學術地位的爭議卻不會到此結束，目前能看到的對他的紀念文字，多出於「史學雜牌軍」之手。可是這一點也不影響唐德剛的地位——他有那麼多的讀者，並且留下了那麼多「口述歷史」，而「唐德剛口述歷史系列」，現在已經成為不折不扣的經典。

得天獨厚的口述史宗師

上個世紀五〇年代，哥倫比亞大學在福特基金會的贊助之下，成立「中國口述史歷史學部」，哥倫比亞一下子成了世界級的口述史重鎮。

近水樓臺先得月，唐德剛參與其中。這對他真是好福氣，當時的紐約，中國當年曾經名震一時的黨、政、軍、學各界要人，在十字街頭隨處可見。不過，人是當年人，景非當年景，這些要人已經今非昔比，寄居域外，有個小青年來陪著聊天，真是「不亦快哉」。

胡適當然成了唐德剛的第一個口述史對象。顧維鈞、李宗仁、張學良……這些重量級的人物，治史者一生能碰到一個竭澤而漁已堪稱幸運，唐德剛竟然全都遇到了。

專業的發問和記錄整理在外人看來枯燥，但對唐德剛來說卻津津有味。更何況，還有意趣橫生的逸事：

> 國民黨大佬吳國禎曾經接受哥大的邀請參加口述史計畫，因為當時吳國禎是個敏感的「是非人物」，哥大特地把吳孤立起來，還專門請了一位守口如瓶的退休老教授和吳「密談」。為老教授充當臨時「技術助理」的唐德剛，裝好答錄機後也得退避三舍。但老教授倒騰不了新玩意，沒有唐德剛在旁，他竟然錄不了音。

「這真使我丟盡face（臉）！」老教授擺出一副中國通的樣子，尷尬地對唐德剛說。

「但是我們仍然充滿了faith（信念）！」吳國禎的回答真是恰到好處。

沒辦法，只好讓唐德剛在旁專司「錄音」，但要求對他們的「絕密談話」「充耳不聞」。

「唐君！」每當談話到了高潮，老教授總是不忘半真半假地提醒唐德剛，「你不許聽呀！」

「不聽！不聽！」唐德剛保證。可是，兩個人講到有趣處，唐德剛卻忍不住大笑。

「你又犯禁了！你又犯禁了！」老教授無可奈何。

到了唐德剛獨挑大樑的時候，就更讓人豔羨。給顧維鈞做口述歷史，顧和唐分頭做功課，商定談話內容。對於治史者，顧維鈞是個多麼大的寶藏！難得他又那麼配合。

不過堅持記日記的顧博士也有犯錯的時候。有一次，顧維鈞把一段往事張冠李戴，唐德剛整理錄音時發現了錯誤，更正過來，拿去顧維鈞審校。顧維鈞哪裡服氣，「事如昨日」，哪能記錯。唐德剛不聲不響拿出顧維鈞當年自己簽署的檔，顧維鈞不得不服。

「唐博士，」顧維鈞說，「這一章是錯了。下禮拜，我們倆重新寫過。」

兩次談史論學的通信

二〇〇六年五月，我曾有幸與唐先生就治史問題有過兩番通信。當時，唐先生的身體狀況非常不好，但依然勉力作答。

第一封回信是唐先生親自作書，到了第二封，便是由夫人吳昭文代筆了。唐先生在信中敘述他的身體狀況：「久病，日常所用的中英文電腦皆失靈，寫字手也抖個不停。前天又跌了一跤，弄得臥床不起。遲至今天才恢復一點。」第二封信再次說道：「暮年握筆，耳腦爭鳴，障眼有紗。初以為勉力作書，或可改善，孰料每況愈下，幾至失明。此信只好請老伴代書。」

自那以後，我未曾發現唐德剛談史論學的文字面世。在那兩束通信中，作為晚輩的我，初生牛犢，發問步步緊逼，老先生淡然應對。行文至此，遙想當年，不禁感慨自己的不知天高地厚。而再次重溫唐先生的回覆，則可以看到一代史家隨心所欲而不逾矩的自信，摘其要點如下：

我問：您曾提到中國史學有三大主流，第一是從往古的左丘明、司馬遷到今日在臺灣的錢穆教授，這一脈相承的中國傳統史學；第二則是在今日大陸一枝獨秀的馬克思主義史學派；第三則是由十九世紀的西方漢學逐漸現代化和社會科學化而形成的「現代西方史學」，您把自己劃到哪一派呢？

唐先生答：「關於歷史學派，原無定論。弟則選擇所謂「三派」吧。至於我自己屬於何派？老實說，治史數十年，卻不敢附驥，亂找師承。為說話方便計，就無中生有，說是第四派，算是綜合三家、采長補短的現代派吧。弟在課堂裡對學生言明，此派上不見蹤影，就姑妄言之吧。」

我繼續發問：「說到流派，不由得就想到師承，您是胡適之先生期許頗深的弟子，您自己在著作中也屢屢提到「胡適老師」。在您幾十年的治史生涯以及您的著作之中，形成了自己獨特的史學方法論，能談談您在這方面的心得嗎？您覺得您在多大程度上是繼承了適之先生？在多大程度上是自己的創新和發展？」

唐先生答：禪宗六祖的學生或問半山和尚曰：「汝肯先師也否？」和尚答曰：「半肯半不肯。」問者再問曰：「何不全肯？」和尚答曰：「全肯則辜負先師也。」一次在胡家，某臺灣訪客亦以相同問題問我，我即以相同言語回答。全堂賓客聞之大笑，說我在老師面前開這樣玩笑。我說這故事是老師自己說的，胡老師在一旁也為之點頭大笑不已。

胡適先生本人基本上是乾嘉學派的後起之秀。據他自己說，他之成為現代學術的尖兵，是他在康奈爾大學翻大英百科全書談考據專章，忽然靈感大發，偶然搞起來的，不意竟成終生的興趣。

胡先生的第一篇考證文章《詩經言字考》頗受蔡元培之賞識。我自己平生所寫的第一篇考據文章《中國郡縣起源考》就是受他的影響下筆的。東施效顰，言之可笑。我自選的論文導師是顧頡剛先生。顧是胡的學生，後來我又做了胡老師的學生，胡氏開玩笑地叫我「小門生」。我個人所受胡門的影響是很大的，但不是全部，我對胡老師也是「半肯半不肯」的。

對「胡老師」「半肯半不肯」的「小門生」唐德剛走了。他沒有帶走一個時代，但是他帶走了屬於他自己的一代史風。

追憶侯仁之先生：猶記燕園湖邊風

二〇〇六年，當我確定開始做燕大人物口述的時候，我第一個想到要採訪的人，就是侯仁之先生。

從未離開燕園的「活北京」

坦率說，第一個想到侯老，有些功利的成分在，侯老名氣大。這位被美國國家地理學會稱為「歷史地理巨擘」的老人，一九九九年的十月獲得「何梁何利基金科學與科技成就獎」，在之後的一個月內又被美國地理學會授予喬治・戴維森勳章，成為第一位獲此殊榮的中國人。而其長期從事的城市歷史地理尤其是北京歷史的研究，更是給他帶來了越出學術界之外的廣泛聲譽。當時的想法是：採訪這樣一位在中國歷史地理學發展史上里程碑式的人物，會給我之後的採訪帶來蝴蝶效應。

在讓人帶話給侯老說我希望能採訪之後，我開始做關於侯老的功課，此時才發現自己想法的淺薄：侯老一九三二年進入燕京學習，此後從未離開過燕園。一開始，師從史學家洪業與顧頡剛，當時燕京正處於學術鼎盛期，侯老是見證者；此後，盧溝橋事變，烽火連天，侯老身處其間，利用燕大教會學校的特殊背景保護抗日學生，之後又被日寇關押入獄，有一段崢嶸歲月；一九四九年天翻地覆之際，侯老學成回國，在燕大開設「中國歷史地理」課，對中國歷史地理學有開創奠基之功；一九五二年，自院校調整開始，一輪又一輪的政治運動，知識份子陷入煉獄，燕大因為其特殊的底色，先後有清查「親美、崇美、恐美」思想、「忠誠老實運動」，一時之間成為時代的「風暴眼」，侯老又是核心當事人之一……這一件件一樁樁，即使侯老沒有如此大的世俗名聲，也是我研究中不可繞過的人物。

然而，功課做完，幫我給侯老帶話的前輩帶來消息：「侯老身體不好，醫生不讓他見生人，採訪可能實現不了。」

我一下子倍感失落，只好另尋轉機。當年真是初生牛犢不怕虎，碰壁之後還是不屈不撓。這一次，我沒有拜託任何人，我把自己研究司徒雷登的文章直接寄給了侯老，同時附了一封簡短的信表達了我的意願，大意是：「我想和您聊聊，但是非常理解您因為身體原因不能接受採訪，這是我寫的關於司徒雷登的文章，非常希望得到您的指教。」

說實話，我沒有期待侯老的回音。

沒想到，三天後，我接到了侯老的電話，儘管已經多年不寫日記，但是那次通話的每個字至今記憶猶新：「陳遠同志嗎？我是侯仁之。」希望來得如此突然，我一下子不知道如何是好，只是結結巴巴地回答：「侯老您好。」

「我收到了你寄來的關於司徒雷登的文章，讓女兒一字一句給我讀了，你把司徒雷登寫活了，跟我所接觸到的和心目中的司徒一模一樣。醫生不讓我見外人，有時也覺得年輕人不理解我們經過的時代，所以我很多年不接受採訪了。」

不知道怎麼回答，只是拿著電話連連點頭。侯老接著說：「但是我想和你聊聊，你看可以嗎？」

講冷學問的「熱血老年」

三天後，我如約前往燕園。半路上，又接到侯老電話，問我有沒有車，當時不知道侯老為什麼問這個問題，覺得他必然有他的考慮，所以不假思索地回答說有。侯老說如果我沒有車，他讓學校安排一輛車，他要帶我在校園裡走一走。

那時正值冬天，天寒地凍，儘管我讓的士司機把車開到燕南園侯老家門口，但還是勸阻老人在家中聊。張老（侯老的夫人）也一再勸阻，但侯老不聽：「我們到校園裡去，我給你講。」

侯老執意要帶我去看的，是坐落在燕園裡的魏士毅烈士碑，作為在三一八慘案中犧牲的燕大學生，魏士毅烈士碑在三一八之後就一直矗立在燕園裡。但是在和平年代裡，這是個被人遺忘的角落。侯老在那裡佇立良久，一字一句地給我朗誦碑文：

> 國有巨蠹政不綱，城狐社鼠爭跳梁。公門喋血殲我良，犧牲小己終取償。北斗無酒南箕揚，民心向背關興亡。願後死者長毋忘。

侯老說碑文是當年他入學之後燕京給他的最深刻的印象。「民心向背關興亡啊，可惜他們不知道。」侯老感慨中帶著憤怒。

回到家中，侯老跟我講起他熱衷國是、英年早逝的弟弟：「他比我小，可是他是我的老師，他對這個國家有深的關切。而我只是書呆子，只知道讀書。」侯老的敘述符合人們對他的認知——一個埋首書齋的學問大家，一個遠離意識形態的知識份子。同時，侯老的敘述也和他的人生經歷相符：從侯老在燕京的經歷來看，個人的追求已經被捲入到時代的洪流中去了。在時代的洪流面前，個人的選擇和價值顯得那麼渺小，以至於那一個上午的回憶，都是時代的影子。中間有一次我問他院系調整中的一些問題，他跟我說忘記了。看老人的神情，不是忘記，而是傷心，所以之後我有意不再觸及這個問題。

侯老去世後，想起那次訪問，讓我深深覺得，侯老是個矛盾的綜合體，在溫文儒雅的學者外衣之下，侯老心裡也有一個怒目金剛，或者說，侯老心裡始終住著一個弟弟，對國家對時事懷有深的關切。但是在時代的逼仄之下，侯老把這份熱情投入到了對歷史地理這門冷學問之中。

設身處地替人考慮的周全

那次訪問結束告辭的時候，侯老再次跟我說：「醫生說過不讓我見外人了，但你可以來，咱們是老鄉，你算是家鄉人。」說這話的時候，侯老帶著一種天真的狡黠。這個表情，一直定格在我腦子裡，不能忘記。

不過，在那以後，我並沒有去過多打擾侯老，只是偶爾在電話裡表達一下問候。

再一次見到侯老，源於我在研究過程中碰到一些疑惑，想訪問黃華副總理——當年在燕京住同一宿舍的同學，我第一時間想到的，就是請侯老幫忙。撥通電話，直截了當的和侯老說了我的想法，請侯老代我向黃華轉達我想採訪他的想法。

侯老聽後說：「這個要求我不能答應你，可是我能幫到你。」

我聽了後一頭霧水。侯老接著說：「如果我代你轉達，作為同學，再加上這麼多年的感情，他肯定不願拒絕我；可在他那個位置上，又可能有很多不方便的地方。這個要求如果是提出來，就讓他陷入了兩難的境地。這樣，每年他都會到我家裡來聚會，今年他來之前你先趕到家裡，你直接和他提，這樣，不管他願意不願意，大家都不為難。你覺得這個主意怎麼樣？」

說這話的時候，我聽到侯老在電話那邊在笑，我猜，那種天真的狡黠，一定又在侯老臉上。

後來在侯老家裡見到黃華，因為職業的關係，最終沒有達成採訪的目的（黃華給自己的規定是不接受媒體記者的採訪）。可侯老這種設身處地為人考慮的周全，卻給了我極深的印象。

侯老去世之後，在給侯老女兒侯馥興老師打電話時，我說，雖然最初認識侯老，是因為他的大學問家身分，可他的去世，讓我感受到的是失去了一位長輩。

現在偶爾去北大，每當路過未名湖邊，總會想起當年侯老帶我走在校園裡的情景。湖邊和煦的風，恰似當年侯老臉上天真而又略帶狡黠的笑容。

懷念楊絳先生：她是錢鍾書的楊絳

楊絳先生的去世，引發了懷念，也引發了爭議。然而對於楊先生來說，所有這一切，其實並不重要，她想要的，只是安靜的「回家」，與丈夫錢鍾書和女兒錢媛「團聚」。

一〇五歲的高壽，本身就是一個傳奇，何況，她還翻譯了《唐吉訶德》，堪稱譯作的經典；何況，她還寫下了《幹校六記》和《洗澡》，以哀而不傷的筆觸記錄一個時代的波瀾；何況，在其生命的最後，還寫下了《走在人生邊上》，翻譯了《斐多篇》，把對人生的思考提升到死亡的高度；更何況，她還是錢鍾書的妻子，那是現代史上的另一個傳奇。評價楊先生的成就，難免掛一漏萬，也非我能力所及，在此，我只能根據自己和楊先生的一些接觸，談談我眼中的楊先生。

其實，對於自己，楊先生有過定位：「每項工作都是暫時的，只有一件事終身不改，我一生是錢鍾書生命中的楊絳。」

仔細揣摩，「錢鍾書生命中的楊絳」，比「錢鍾書的妻子」更為精當，後者是從屬關係，前者卻是「你中有我，我中有你」。即使是面對錢鍾書，楊絳先生也並沒有放棄自己的獨立性。

最初知道楊絳的名字是源於《圍城》，但對錢楊二位的印象，卻來自於山西的高增德先生。那是八〇年代高先生主持《晉陽學刊》時，到北京拜訪錢鍾書，但結果未能「得其門而入」。「敲門之後，門從裡面打開了一道縫，錢先生探出頭來問我找誰，我說找錢先生，但是，錢先生很快拒絕了，並且把門關上了。什麼叫門縫裡看人，以前我不知道，但是拜訪了錢先生之後，我知道了，原來真有門縫裡看人這回事。」高先生的講述，帶著一些詼諧和自嘲。

沒想到，同樣的事，在我身上也發生了一回。但也因此，和楊先生有了之後「從未謀過面」的交往。

和楊先生的聯繫，要從我做訪談記者時談起。二〇〇四年，我在《新京報》文化部，策劃了一個採訪民國時期文化名人後人談他們眼中的父母的欄目，做了幾期之後，我想到了楊絳先生，在此之前，我對魯迅筆下的那個「惡女人」、楊先生的姑母楊蔭榆一直很有興趣，而楊先生的父親楊蔭杭，也是那個時代的名流。

按照打聽到的楊先生的地址，給楊先生寫了一封信，說明了自己想採訪楊先生的想法，就寄了出去。之所以沒有選擇打電話，一是知道楊先生的聽力不好，寫信，或許能更清楚的表達自己的想法，二是如果打電話，楊先生回絕了，也就再也沒有迴旋的餘地。

幾天之後，接到楊先生家裡保姆打的電話，說：我的信，楊先生已經收到，但是她認為，過去的事，就讓它過去吧。楊先生現在只想過一種安靜的生活。大概是我的信還有幾分觸動楊先生，她還讓保姆告訴我，關於楊蔭榆，楊先生曾經寫過一篇文章，我感興趣的話，可以找來看看。

我表示「尊重楊先生的生活方式」，但和楊先生的聯繫卻保持了下來。只是，我從來沒有主動打擾過老師。

如果我記得沒錯，應該是在二〇〇五年，有一天突然接到吳宓女兒吳學昭老師打的電話，說是錢老師的一件手跡正在拍賣，是贗品，楊先生讓她聯繫我，可否幫忙報導。

這並不是我熟悉的領域，我告訴吳老師，我願意幫忙，但是必須把楊先生作為第一採信人，最後還要看編輯是否通過。吳老師說沒有問題，你現在就可以給楊先生電話。和楊先生通完電話，就和映光（我當時的編輯）說了此事。映光是個極有專業精神的新聞編輯，他認為這是個「大新聞」，如果能當面採訪到楊先生，和電話採訪的效果大為不同，因此極力「攛掇」我去和楊先生面談採訪，並且安排我們另外一個同事去拍賣現場調查。

在映光的「攛掇」之下，雖然明知被拒絕，但還是硬著頭皮到了楊先生在三里河的寓所，去之前，我特意給楊先生買了一束鮮花表達敬意。

開門的是保姆，我說明來意，保姆徵詢楊先生的意見之後回絕了我，這也是我意料之中，我留下那束鮮花，表明「這與採訪無關，只是一個後輩的敬意」，然後離開。

回到報社，正在寫稿之際，吳學昭老師的電話就跟了過來，非常生氣的問我有何意圖。當時吳老師還說了一句：「你不願報導就算了，我們沒有勉強的意思。」在後來的接觸中，我瞭解到，吳老師的性格就是如此倔強，直接。

但在當時，我覺得委屈極了。一個小記者，我能有什麼意圖呢？甚至對當時只對歷史感興趣的我來說，這件事是否值得當作一個大新聞來做都持懷疑態度。我馬上去和映光說這個題不做了。映光的反應，比我職業的多，他勸誡我不能因為這樣一點委屈就放棄選題。實際情況確實也不容我放棄——選題已經作為編輯部的「重大選題」來操作了。

第二天報導見報，錢先生的那件贋品流拍。我以為，我和楊先生的緣分，也就到此為止了。想不到吳學昭老師又打來電話，為她昨天在電話中的語氣道歉，並說楊先生很感謝我，如果我願意的話，楊先生願意請我到家裡坐坐。

我告訴吳學昭老師，昨天貿然登門，確實有唐突之處，不過，上門拜訪是職責所在，現在報導本也是分內之事，對於楊先生的邀請，我更願意尊重她的習慣，我對她的尊重，也不會因為是否見面而改變。

大概是這樣的態度，讓楊先生對我有幾分「刮目相看」。後來我編的那本《逝去的大學》出版之後，給楊先生寄了一本。沒有期望楊先生有什麼回覆，但幾天之後竟然接到她的電話，在電話中，楊先生稱我為「陳遠同志」，並說因為是把書讀完後，才給我打電話，所以間隔了幾天。楊先生說：「書認真讀了，很好，現在的年輕人，很難理解我們那個時代。」

「我們那個時代」真是理解楊先生的一把鑰匙，那個是怎麼樣的時代呢？是個人可以按照自己的意願生活並得到尊重的時代。

也正是在那段時間，在和鐘叔河先生通電話時，聽鐘先生說楊先生在給他寫信時提到我以及《逝去的大學》，鐘先生說：「楊先生挺欣賞你的。」可惜的是，當時竟然沒有向鐘先生要一份楊先生書信的影本。

在那之後有很久一段時間，我一直沒有和楊先生再有聯繫。大概是二〇〇六年，我編《斯人不在》的時候，想到楊先生那篇懷念楊蔭榆的文章，就拜託吳學昭老師向楊先生轉達我的意見。吳老師問我：「準備在哪個出版社出版？作者都有哪些？」因為剛有一個想法，一切還都不確定，我也只能如實的告訴吳老師。吳老師答應幫忙轉達，但是同時也告訴我不確保楊先生會答應。

第二天，吳老師在電話中高興的告訴我：「我和楊先生說你編書要收錄她的文章，她很爽快就答應了，而且什麼都沒問。她對你還是很欣賞的。」

其實，我理解吳學昭老師之前問我的意思，那是替楊先生問的，因為她更瞭解楊先生的性格：楊先生愛惜羽毛，她在意自己的文章和誰放在一起、在哪個出版社出版這些問題；我也理解楊先生不問的意思，對後輩的欣賞，是一方面，更重要的是，在老人家心裡，覺得欠我一份情，不補過來，她會覺得是對別人的虧欠。在我接觸的老輩人當中，大多數都是如此。

後來還有一次，是關於謝泳先生寫了一篇關於錢鍾書的文章。限於篇幅，謝文不在此贅述，大致是關於錢先生在非常時期對於時事的針砭。楊先生看到後，讓我轉達謝先生，她認為文中事實是有出入的，並且表示，她願意提供一些材料給我，希望我就謝先生的文章寫一篇澄清文章。

我表示願意向謝先生轉達楊先生的意見，但我對錢先生素無研究，又反鬧生故舊，由我來寫，沒有權威性。楊先生沒有勉強，還幽默的說：「我知道你們關係好。」

楊先生還說：我知道謝先生是對錢先生的愛護，但是沒有的事情，不能說有，我們也不承認。

後來把楊先生的話轉達給謝泳先生，謝泳說：「如果楊先生願意，我願意把我所本的材料送給她。」

我又把謝先生的話轉達給楊先生，楊先生說材料她有，但是是那個時代別人誣陷錢先生的「黑材料」。

楊先生如此較真，是源於她對錢先生愛的深沉。她是「錢鍾書的楊絳」，在她的晚年，在經歷喪女喪夫之後，她其實並不是代表自己一個人活在世上，「錢鍾書」是她生命的另一部分，她執拗的「保護」著錢先生，也由此招致一些非議。

比如一直不肯出版錢鍾書先生的書信，甚至多年來，與大多數的錢鍾書研究者存在一種緊張的關係，最著名的，莫過於在她一〇二歲那年，打了一場維權官司，叫停了一次對錢先生書信的拍賣。

這些，都成為楊先生不夠通達的鐵證。坦率說，有時，我心裡也這樣想過。

可是這有什麼值得被指責呢？

通達是遵從自己的內心，而不是為了外界而委屈自己。

錢楊兩位先生，都是幾百年不遇的聰明人物，聰明到不肯活在別人的期待裡，而是只肯按照自己理想的方式、過不被打擾的生活。我覺得，如果有可能，兩個人甚至都不願意過享有盛名的生活。

但是國人的心理，到底是有「逼人做聖」的念頭作祟，總是期望公眾人物活在自己的期待中，總是想窺視公眾人物的一切行為。

但在歷史領域，從來就有「五十年來不治史」這樣不成文的規矩，無他，與現實的聯繫太近，容易失去客觀，另外一點，我自己的體會，也是考慮還有諸多與當事人有關聯的人在世，研究者同樣該體諒他們的感受。這是前人的智慧，也是前人對人性的體諒。錢鍾書去世之後，楊先生之所以不辭勞苦整理其手稿，就是不想「她的錢鍾書」被歪曲，因為，那是她生命的一部分。

更何況，錢楊二人得享大名，一不是靠迎合公眾，二沒有主動借助社會公器。二位先生的大名，本來就有幾分社會強加於身的味道。世人汲汲渴望的名聲，對錢楊二位，不過是避之不及的枷鎖。

透徹如錢楊二位，怎麼會帶上世俗強加的枷鎖呢？在我理解，無法逃避強加於身的名聲，已是拖累，再去活在公眾的期待中，那該多不快活?!他們生活，他們治學，他們表達自己對時代的看法，如是而已。我們這個浮躁的時代，既不能理解他們的學問，也無法理解他們的與世界相處的方式。

道理如此簡單，但矛盾依然存在。關於楊先生身後的爭議，大概問題就在此了。

聽到楊先生的去世的消息，沒有悲傷，也不願繆托知己，只是記下一些與楊先生交往的片爪和點滴認識。不識其大，僅識其小，惟願「我們仨」在天堂安樂。

註：楊先生生前曾有遺囑，希望在火化之後，才能對外披露她去世的消息，出於對楊先生的尊重，這篇小文寫於楊先生火化之日。

徐蘋芳：考古學家是怎樣煉成的

五月二十二日凌晨，著名考古學家、國家文物局專家組成員徐蘋芳去世，眾多媒體對於徐先生的去世都做了報導，我注意到，這些報導多集中在徐先生一生的成就上，比如捍衛舊城文化遺產、主持元大都遺址勘察與發掘等等，還有就是他關於安陽曹操墓的質疑。這都符合徐先生考古學家的身分，不過，我卻更注意徐先生成為考古學家之前的經歷。因為那段經歷展現了中國現代發展史上的一個重要轉變，這個轉變又影響了當時幾乎所有的知識份子。

諸多媒體提到徐先生的經歷時，多數都說到徐先生是北大考古專業最早的畢業生之一，這沒有錯，但是在進入北大考古專業之前，徐先生曾經是燕京大學的學生，並且在那裡學習了兩年，先是在新聞系，然後轉入歷史系，師從鄧之誠、齊思和、王鐘翰諸先生。這也是青年徐蘋芳在專業生涯上的第一次轉變。

這一次轉變，跟燕京的學術風氣有關係，當時的燕京，學術空氣濃郁，學術風氣也非常自由，學生和先生，關係非常融洽。在這樣的環境下，學生對於專業的選擇全憑自己的學術興趣，對新聞感興趣，可以；對歷史感興趣，也行。一般來說，學生在入學一段時間之後，才會對自己的專業有一個比較深的認識，在選擇上也更符合自己的學術興趣。徐蘋芳的這次選擇，便是如此。

第二次轉變，是在燕京被取消之後，燕京的專業部分被併入北大。也是從那時候，思想改造開始在全國展開，黨委開始進入大學。作為學生，徐蘋芳當時的感受是「師生之間這種（融洽）關係就不復存在了」，這時，徐蘋芳做了他在專業上的第二次選擇，這一次他轉入了考古系。這次選擇的考慮主要是「離現實越遠越好」，用徐先生對我說過的話來說就是：「考古研究的都是挖出來的東西，跟其他無關。」結合當時的形勢，時代對徐蘋芳這次選擇的影響非常明顯。

徐先生後來在考古領域作也出了非常卓越的成就，但是在他自己的內心怎麼看待這些成就，現在我們無法得知了。不過可以確定的是，徐蘋芳對待學術的態度以及學術的方法，是他在燕京時期奠定的。王軍評價他說：「徐老的感情不是那種發發牢騷、蒼白的感情，而是基於對這個城市深刻的理解之後的一種情感流露。」這樣的風格是來自燕京，而不是北大。

後來在八〇年代末期，徐先生擔任考古所長時，在學術之外的表現也非常值得稱道，那種對待時勢的看法，也是在燕京時期奠基的。我曾經勸徐先生把自己的經歷寫成自傳，徐先生對此不知可否，後來見面時問及，徐先生說一直沒有時間估計。要是有熟悉他的人把他的經歷寫成傳記，對當下的知識份子來說，我想該是一面鏡子。

丁聰：山海居人去樓空

遠案：這篇小文是丁聰先生去世時寫的一篇急就章，雖然如此，如今翻閱，未覺慚愧，發在這裡與大家共用。

說的是人稱小丁的漫畫家丁聰，灑脫、睿智，在世人眼裡，小丁好像永遠不老，所以忽然之間聽到小丁去世（二〇〇九年五月二六日）的消息，還是吃了一驚。

轉而一想，丁先生以九三歲高齡去世，在我們老家，那算是喜喪。是要白事紅辦的。加上和丁先生素無來往，不憚於被人罵我缺乏敬畏心，吃驚過後，我是沒有悲傷的。或許，也跟小丁給我的印象有關，那麼達觀的人，走的時候也不帶走別人的悲傷，正是小丁的性格。

小丁是少年成名，因為父親丁悚的關係，二十歲便已經名揚漫畫界。看小丁的簡歷，發現小丁一出道就「根正苗紅」，現在的人們恐怕已經記不得一九四五到一九四七年之間，他發表過的以「爭民主」為題材的諷刺畫。後來他出任《人民畫報》副總編輯，大概是與這段經歷關係不小。

這樣一個根正苗紅的人，一九五七年之後竟然有二十多年沒有畫過諷刺畫，漫畫家不諷刺，就像空城計裡沒有諸葛亮，長阪坡沒了趙子龍，想來令人扼腕。不過，扼腕處也有慶倖，六〇年代的小丁，還有《北京小事記》可畫，小丁柔順，但是有性格，害人的事不幹，違心的畫不畫，這一點算難能可貴了。

小丁再次迎來創作高峰，已經是八〇年代了，《讀書》創刊後，小丁的「封二漫畫」，幾乎成了《讀書》的一個金字招牌。漫畫中的那種幽默和辛辣，讓人覺得，小丁好像從來沒有變化過。一直到小丁真的畫不動了，封二才換成了他的朋友黃永厚。當代的文化人，哪個能與《讀書》有這樣的淵源？就憑這一點，小丁不簡單。

想起來，想必小丁也會有時代留下的難解心結，否則，以小丁展現給世人的性格，怎麼會二十年如一日一成不變地畫「諷刺畫」？一點也不「與時俱進」？現在這一切，都隨著丁聰的去世跟他去了另外一個世界。山海居人去樓空，朋友的懷念文章，大概也不會說到小丁的隱痛。

柔順的性格與張揚的漫畫之間，應該是有關聯的。這種關聯，如果仔細去看丁聰的人生履歷，那麼多的曲折和傳奇，和大時代那麼緊密的聯繫，都可以為小丁作品與其性格之間的反差做出注腳。

丁聰生前，不喜懷舊，細說他的生平，一定不是他喜歡的。一生說自己是小人物的丁聰，也一定不喜歡身後被人為地塑造成什麼形象，還是願小丁安息，不知道在另一個世界他是否會繼續諷刺。

何炳棣為什麼沒有回國

前不久，史學家何炳棣先生去世。由於專業上的隔閡，我無法對何先生在其專業層面作出評價，但是余英時先生對他有個四個字的評語：「才如大海」，基於對余先生的學術及其學術眼光的瞭解，我比較傾向於余先生的這個評價。

不過，前幾年我在做民國學人口述時，與韋君宜先生的女兒楊團老師有過一次採訪，她向我轉述一個中年華人學者的話，說當年和韋先生一起讀書的老人們，儘管現在都已經是名滿天下的教授，但他們基本上都有一個共識，就是在當年清華北大他們只是二流的學生，真正一流的學生都去搞學生運動了。何炳棣與韋君宜先後在南開和清華同學，由於接觸了這樣的口述資料，在閱讀何炳棣的學術自傳《讀史閱世六十年》時，我便格外注意裡面是否有這方面的表述，讀完全書，也沒有發現何先生在他的自傳中有絲毫這樣的感覺。

我猜想，這大概有兩方面的原因，其一是何炳棣「自視甚高」，這從其自傳中是可以看的出來的，讀史閱世六十年，始終縈繞於何炳棣心頭腦際的是「第一流」、「最高水準」、「大課題」、

「第一等重要問題」這些概念；第二是他確實有「自視甚高」的資格，第六屆留美考試第一名，即使沒有後來所取得的學術成就，在當時也不能說是二流的學子。不過，個案不能代替整體狀況，關於當年學生狀況的判斷，我仍然相信楊團老師的轉述和韋君宜先生判斷，這是個題外話，有心人不妨根據材料做一下比較。我們在此繼續說何先生。

讀何先生的學術自傳，確實能感受到其「雄心萬丈」，生動，坦誠，不僅是研究學術史的上佳材料，也是研究知識份子乃至教育史以及中西比較教育的絕好材料。稍微遺憾的是，這部以史家眼光寫就的學術自傳，對於上個世紀中葉國內發生的天翻地覆的變化，以及在變化之中何先生自己的心路歷程沒有剖析，這就給後來研究者做判斷增加了難度，儘管從何炳棣的一生脈絡來看，一九四九年他還在哥倫比亞大學求學，之後留在海外從事學術研究似乎是順利成長，但是，若無外力影響，鄉土觀念與家國觀念極重的何炳棣似乎沒有理由寄居海外而不是選擇回國。

可以參證的是，一九七一年，闊別故國二十七年的何炳棣以華裔歷史學家的身分首次訪華，回美國之後發表演講《從歷史的尺度看新中國的特色與成就》，對當時處在文革中的中國社會作出了高度的認同和評價，而當時中國社會還在文革當中，從高級知識份子到普通百姓，都生活在物質極度短缺，精神極端壓抑的環境裡。歷史學家何以失察？以至於何炳棣在晚年寧願選擇「願意把它忘掉」，謝泳的解釋是「民族感情」，而非「知識上的原因」。結合謝泳先生的判斷，基本上可以判定，何炳棣之所以沒有選擇學成歸國，應該存在外力的影響，這個外力，或許可以從其早期在清華受教育時對於一二九運動的態度上找到淵源，在當年一二九學生運動中的那些青年學生中，以左中右來劃分，何炳棣算是右派，對於當年的學生運動，何炳棣在六五年之後依然認為參與運動的那些同學是「不擇手段，不斷醞釀制造反政府遊行示威，鼓動風潮，罷課罷考」的行為，經過何炳棣一生都是典型不介入政治的學者，其治學領域也絕少意識形態色彩，但從這樣的詞句上，我們依然可以看出他對於之後得勢的共產黨的態度，我判斷，正是這種態度，影響了何炳棣，讓他留在海外而不是回國。

縱觀五〇年代何炳棣在海外躋身國際史學界的道路，並非一番風順，不過原因終究是中西學術規範不同的碰撞，絲毫沒有影響他最後成為舉世公認的歷史學家。而在同一時期，他當年的同儕們在幹什麼呢？接二連三的政治運動，持續不斷地思想改造，有學術志業並且顯露出學術的才華的人要麼停止了發展，要麼改變了過去的研究方向，在中國距離世界越來越遠的時期，即使有早年受到的自由主義教育，也未能使他們距離世界近一點。

而當年，何炳棣們師從的那些自由主義知識份子們，都曾「忍不住」教訓學生「只有拼命培養個人的知識與能力才是報國的真正準備功夫」。回過頭來看歷史，當何炳棣們因其學識為世界知識體系添加了增量而成為華人的驕傲，而當年的愛國者們留給歷史的不過是一片荒蕪，究竟誰愛國？我竟一時恍惚。

追憶高增德先生：廿年辛苦不尋常

二〇一七年五月三日八時二十分，學者高增德先生在太原逝世，享年八十六歲。大眾對於高增德的名字，也許有些陌生，但是在八〇年代社會科學重建的過程中，高先生其實有奠基推動之功。一部長達一千四百萬字、囊括各個社會科學領域學人傳略的《百年學人檔案》的編輯工作，佔據了高增德先生人生的二十年時光。

這些學人所涉及的領域包括：哲學部分（哲學、宗教學、邏輯學、倫理學、美學、思維科學、科學哲學）、經濟學部分（經濟學、中西經濟史、管理科學）、歷史學部分（歷史學、人文地理、考古學）等等，涉及現代學人上千位。

丁東先生說：「從文化積累的角度來說，這樣規模的現代學人傳略，這是第一次集大成。我覺得在這個領域內，以學術史的角度來做學者自傳的徵集和編撰上，老高可以說是當之無愧的第一人。別人可以在某個局部做得比他更深，但是全方位的而且以一人之力來做這樣的工程，絕無僅有。」

高增德和《晉陽學刊》

一九七八年，山西省社會科學所（山西省社科院前身）籌畫重建，高增德被朋友推薦了過去。「當時還進行了考試，看看我對於學術史是否真有研究。考試人員給了我一上午的時間，要求寫文章。在沒有資料的情況下，我寫了兩篇。」

當場並沒有確定是否把高增德留下來。隨後高把那兩篇文章都投出去了，一篇投給《人民日報》，另一篇投給了《解放軍報》。沒有多久，都發表了。

這個消息讓當時社科所副所長張國祥知道了，覺得高增德是個人才，「就這樣，我就到了所裡」。

高增德到了山西省社會科學所之後，社科所正好要辦一個刊物，算是所刊。

高增德這樣回憶創刊的過程：「決定籌辦之後大家就開始商量刊物的名稱，當時我建議：『叫《晉陽學刊》怎麼樣？第一可以表明地方特色，第二可以說明刊物的性質。』這個名字經過了所務會議的討論確定了下來。開始的時候，所裡也沒有明確給我職務，但是刊物的組稿、約稿、編稿都是我來籌畫的，等把稿子籌措齊了，經過了所長王守先和副所長張國祥的認可，我再跑到印刷廠聯繫印刷。後來，大概是在編輯刊物的過程中，所裡覺得我對於辦刊比較瞭解，也經過了這麼一段考察，才正式任命我為編輯部主任。」

當時全國的社會科學正在恢復階段，各省的社會科學系統都在恢復建制，創辦了不少刊物。創刊前的一段時期，高增德曾經到各地去考察，短短的時間內，高增德先後考察了四川、安徽、瀋陽、吉林等地社會科學院所辦刊物的狀況。回來之後，對於怎麼辦刊物，高增德有了一個大致的藍圖。

所裡對辦刊物很重視，從各單位把最好的研究人員借調到編輯部來辦刊物，高增德說：「他們覺得，一個好的學術刊物是一個學術機構的門面，應該辦好。」對於辦刊，高增德當時還提出了兩個觀點：第一要能反映本單位的研究水準和研究成果，使本所的研究成果散發出去；第二，鑑於刊物剛剛創辦，編輯人員少，刊物信譽度的建立也需要一段時間，主張辦雙月刊，而不是月刊。這兩條建議都被所裡採納，陝西省社科院很快給陝西省委打了報告，「經過批准之後，我到出版局辦了創刊的登記，就準備出版刊物了。」

刊物就要辦起來之後，很多人看到刊物確實是所裡的一個門面，都想插手《晉陽學刊》的事務。高增德又提出建議：「兼職得不要，不辦實事的不要，編輯隊伍要精幹。」

就這樣，開始試刊了。那一年，是一九八〇年。

創刊之前，高增德以山西省社會科學所的名義給薄一波寫了封信，懇請薄一波為家鄉的刊物題寫刊名，薄一波很快就寄來了題詞，這個題詞在《晉陽學刊》創刊的時候出現在刊物的封面上。高增德這樣回憶《晉陽學刊》創刊最初的情況：「當時建制也不完整，編輯人員也不齊，再加上刊物初辦，經驗也不足，稿源也不多，總不能說編一期刊物需要十篇稿子就只有十篇，沒有選擇的餘地。印刷條件也很差，照片登出來，效果總是很模糊。但是總的來講有一個好形勢：各地的研究機構正在陸續的成立，知識份子也在陸續的歸隊。歸隊之後的知識份子急需找一個陣地發表自己的研究成果。」開始的幾期，刊物上發表的主要的是本省的文章，但是品質並不差。辦了幾期之後，我出去到中國社科院的各個所去約了一些稿子，「當時社科院的辦公條件很不好，辦公都是在棚裡。」除了約稿，也借鑑一些辦刊的經驗。為了約稿，高增德走遍了大江南北，幾乎走遍了中國各省的社科院。這樣，《晉陽學刊》很快就成了受學界矚目的學術刊物，編輯部的人員也有最初的幾個人擴充到十四個人，高增德也從各種雜務中脫離出來，把主要的精力投放在刊物的編務上。

《社會科學家傳略》的三中衍生產品或者說版本

創刊不久之後，高增德看到徐州師範學院徵集的文學家傳略，高增德說：「當時我就想到了搞社會科學家傳略。對於這個想法，當時很多大知識份子都表示贊同。經過了十年文革，很多知名社會科學家已經故去，但是還有很多經歷了風風雨雨的知識份子。這些人在十年的折騰裡面挺了過去，但是一下子風平浪靜之後，陸續去世了很多，這也讓我覺得很有必要開展這個工程。」想法成熟後高增德即行向全國著名社會科學家發出了徵約傳記的信函。不久，馮友蘭、周穀城、季羨林、張岱年、鄧廣銘、李侃等先生相繼表示「至為贊成」，並先後給高增德寄去了他們的傳記。在第二期的《晉陽學刊》上，後來在學術界引發了廣泛影響的「社會科學家傳略」專欄出現了。

到了一九八一年，「社會科學家傳略」在《晉陽學刊》已經成為一個名牌的欄目，大量大家的傳記源源不斷地從國內各地寄到太原《晉陽學刊》的編輯部。一九八一年的第一期，就刊發了三篇傳略：分別是季羨林、周予同和李霽野，第三期又有馬敘倫和程千帆的傳略……之後是馬寅初、陶行之、侯外廬、李濟、夏承燾……從這些名字，就可以推斷當年《晉陽學刊》上社會科學家傳略的影響。

回憶那段時光，高增德臉上洋溢出幸福的表情：「多好啊，你看這個事情。」就連隨手翻到的一個小小的錯誤，都讓他忍俊不已：「你看，俞平伯給弄成俞伯平了，沒有校過來……」影響來了，麻煩也隨之而來，有些老幹部看到這個欄目的影響，把自己的回憶錄寄來，要求發表。高增德巧妙地解決了這些問題，保證了專欄的純粹。

山西人民出版社總編輯李翔德在《晉陽學刊》上看到「社會科學家傳略」這個欄目，敏銳的出版嗅覺讓他感到這一個非常有價值的出版選題。高增德告訴記者說：「他找到我，表示要出版這一系列傳略。」

這就十卷本的《中國現代社會科學家傳略》。

一九八六年，《傳略》出版到第十卷的時候，山西人民出版社領導層變更，新的社長對於前任的選題不認可。高增德回憶當時他再次去山西人民出版社的情況：「我到了山西人民社，找到宋福生，說：『李翔德策劃的傳略，我手裡面還有大量的書稿，你們打算怎麼繼續出？』宋原來是做技術編輯的美工，他跟我說：『前任攬的帳我們不能還。他們做的這個事情有沒有合同？』」當時高增德有點無奈：「原來我跟出版社之間只是一個君子協定，現在宋覺得是負擔，我一點辦法都沒有，只好跟他告辭。」但是走的時候，高增德跟宋福生說：「既然如此，以後我在其他出版社出版的話，你們也不能干涉。」

事後，丁東對當年的情況作了這樣的補充：「我進山西省社科院是在一九八五年。我認識老高的時候，中國現代社會科學家傳略已經出了七卷，但是老高手裡的稿子已經夠二十多卷，我眼看著出完八九十卷，山西人民出版社就毀約了，把老高晾在那兒。因為一開始他的書是掙錢的，到後來八九十就開始賠錢了。這些稿子，就成了老高的心病。但是老高對他們還抱有希望，一邊跟他們交涉，一邊開始自己的第二期工程，就是《中國社會科學家大辭典》。大辭典應該說我對老高的幫助最大。這裡面除了老高的工作量最多，然後就是我了。編完之後，我又幫著老高籌畫出版，最後還幫他聯繫買書（那套書出版社要求老高包銷）。當時正是學術書籍最蕭條的時候，但是最後老高基本上打了個平手。為了出版這本書，老高自己籌集了九萬元的印刷費。後來老高把書賣出去才把這錢給還上。在錢上，算是沒賺沒賠。我們那些幫著編書的人，一分錢的稿費也沒有拿，老高用書折合成稿費分給了我們。之後我又幫著老高搞了第三期工程，就是十月文藝出版社的《世紀學人自述》。那套書一直到現在社會評價還都很好。我瞭解到，十月文藝出版社的領導對外送書的時候都送這套書。

從《晉陽學刊》的「社會科學家傳略」專欄，到《中國現代社會科學家傳略》以及《中國現代社會科學家大辭典》，一直到《世紀學人自述》，高增德的名聲隨之而來，但是，高增德所走的確是一條充滿荊棘的道路。為了自己的學術理想，高增德幾十年笑罵由人，甚至還和許多同事「掰」了。

二十年毀譽由人　甘苦自知

高增德主持的「社會科學家傳略」學術工程，在學術界引發了極大反響，在高增德家中的客廳中，我看到許多大學者為高增德題寫的手跡，其中最具代表的是王元化先生題寫的一幅對聯，被高增德懸掛在狹窄的客廳裡。對聯寫的是：「嘔血心事無成敗，拔地蒼松有遠聲」。

但是，我在山西省社科院瞭解人們對高增德當年主持「社會科學家傳略」學術工程的態度時，也聽到不少關於高增德的議論：「高增德編書弄了不少錢，都進自己口袋了。」「當年關於社會科學家傳略的有關帳目，高增德從來沒有公開過。」「高增德卡錢卡的比較緊。」如此等等。

當年幾乎參與了這一事件全過程的丁東告訴我：「我眼見著他跟《晉陽學刊》中的一個個人都掰了。我曾經勸過老高，帳目要公開，比方說你從出版社拿回多少稿費，你給人家分多少，你得告訴大家你借了多少錢，需要換錢。最後賣出了多少，掙沒有掙錢。但是老高覺得，我弄這個事情你們還不理解。但是外面就傳說老高掙錢了。還有人對我說：『老高很鬼的，對你也……』但是老高做這件事情的過程我全參與了，所以無論別人怎麼說，我都不會懷疑老高。」

丁東還說了件具體的事情：「當時因為沒有稿費，李茂盛又覺得老高在這件事自己掙錢了，就在別的事上管老高借了五千塊錢就不還了。老高非常生氣，他說李茂盛要是明說要稿費，我還能把帳目攤開跟他說說怎麼回事，他以別的名義借了錢不還，如果我不要的話，別人那裡我怎麼交待？高老和李茂盛的關係就掰了，原來他們關係很不錯的。」關於這件事情，記者聽到了許多版本，情節大同小異，不過數字在有些人的講述中是一千元，有些人則如丁東所說，是五千元。

對於這些紛紛擾擾，高增德說：「笑也由人笑，罵也由人罵，我只管做自己的事情。」

高增德的心事：應該給這些學人傳略找個婆家

三個版本的系列叢書，沒有把高增德窮二十多年功夫編輯的現代學人的傳略出版完整，這件事情也受到學術界和媒體的關注。

山西人民出版社決定不出版《傳略》之後，高增德告訴我：「後來不知道中華讀書報的一個記者不知道從什麼管道得知我手裡有大批傳略的稿子，專程趕到了太原瞭解這些資料的情況。他回到北京之後，寫了一條報導《誰來搶救這三百萬字》。」

後來我在採訪丁東的時候，丁東告訴我：「我太太原來在山西大學有個同事叫陳春香，她的學生有個學生在中華讀書報當記者。我們介紹陳春香認識了老高，陳春香又介紹了她的學生採訪了老高，後來在中華讀書報等了一個消息《誰來搶救這三百萬字》。」

這則幾百字的消息，登在二〇〇二年六月五日中華讀書報上一個不太顯眼的位置，卻引起了不少人的關注。一向關注學術文化事業的張冠生為此專程趕到太原，他這樣回憶當年的情形：「我當時一直很關注這件事，覺得非常好。二〇〇二年，我一個在出版界的朋友正在策劃出版的大選題，我立刻就想到了高先生搞得這個工程。因此到了太原，想促成此事。後來有幾家出版社開始掙這個選題，高先生還給我寫信徵求我的意見，其實我沒有那麼重要，只是有點熱心。」

最後，陝西人民出版社取得了高增德授權，這套書終於得以出版。

爭論以及評價

在我當年採訪調查的過程中，有人對於這一千四百萬字的歸屬提出質疑，增擔任過《晉陽學刊》主編的降大任在接受採訪時就談到這一問題：「山西社會科學院的前身是山西省社會科學所。張國祥是籌建人之一，當年就是他領導《晉陽學刊》。《晉陽學刊》最初決定開設「社會科學家傳略」這個專欄，每期等一個或者幾個學人的傳略。這個事情，是由《晉陽學刊》編輯部集體來做的。高增德是當時的編輯部主任，而不是主編。他負責籌備傳略這個事情，這批稿件他組回來之後，在刊物上刊登之後，他就把稿件拿起來了。除了在刊物上刊登之外，他還組織了編書，一九八二年在山西人民出版的《社會科學家傳略》的署名就是《晉陽學刊》編輯部。雖然這個選題的提出和籌畫都是高增德組織的，稿件也都是高增德組織來的，組織來的稿子轉到編輯手中，許多編輯都參與了其中的工作，所以這批稿件應該是編輯部的資料。高增德退休之後，把這批資料化公為私，據為己有。一九九三年，我擔任《晉陽學刊》的主編之後，通過院領導找到高增德表示要收回這批材料，但是高增德不肯交出來。如果要出版的話，我覺得高增德起碼要和現任的《晉陽學刊》的編輯部溝通。不管怎麼說，高增德首先提出做這件事情，在那樣一個年代是很有眼光的，現在看來，這批資料也是有價值的。」

在採訪降大任之前，高增德曾經告訴過我與此大同小異的情況。在刊物創刊一直到一九九二年高增德退休，他始終沒有正式被任命為主編，刊物也沒有名義上主編。不過，在事實上，大家也都約定俗成的認定高增德是刊物的主編。「沒有人能取代我。」高增德說，「我退休之後，編輯部也沒有合適的人選，我還代理了一段時間。後來主編換了幾任，這個欄目也就停掉了。不過從那以後，《晉陽學刊》受到的關注少多了。」

這一千四百萬字到底應該歸屬與誰？學者智效民的說法提供了一種看法：「如果這些資料留在《晉陽學刊》，恐怕早就被收費紙的買走了。」

關於這些資料的價值，有學者指出：「這些資料現在看來，比較粗糙，傳主的傳略在應該達到的思想深度以及詳盡程度上也不盡如人意。」但是對於此，丁東認為：「這是沒有辦法的事情，因為從七〇年代末八〇年代初，很多人的思想還沒有放開。在當時那種情況下，現代學人對於自己一生學術的總結，難免會有缺憾而不會有大的突破。而且這樣大的規模，其中涉及傳主的情況千差萬別，也不可能一個個都保證品質。老高能夠在整個知識界多數人還沒有意識到這件事情的重要性的時候，把事情做到這部田地，已經非常不容易了。現在本身就是一個不完美的時代，在這樣一個不完美的時代裡，我們沒有辦法拿出一個完美的標準去批評這個工程有多少不足和缺陷。我們可以不回避他的不足和缺陷，但是對於這個現狀應該抱有理解的同情。」張冠生也說：「我跟高先生交往比較早，認識是一九八四年，但是沒有丁冬那樣熟悉，也沒有很頻繁很緊密地聯繫。在我跟高先生的接觸中，看得出高先生是個以天下學術為公器的人，這個工程很了不起。」

當年，丁東先生曾表現出一種憂慮：「老高的東西沒有傳人，不能進入體制，實在是可惜了」。在現代學術史資料的收集上，老高可以說是無出其右者，當年胡繩都覺得眼紅。現在很多大學搞二一一工程，但是自己並沒有獨特的學術資源，如果能有眼光的校長把老高和他那一屋子現代學術史的資料（書、手稿、照片、書信、日記）都引進去，那才算當代學術的幸事。

現在，高增德先生走了，丁東先生的憂慮還在。

憶高華

時間過得真快，一轉眼，高華先生去世已經六年了。當時很多師友都寫了文章，我沒有寫，一來：不夠知己；二來：不忍。

只寫了一幅輓聯寄託哀思，記得輓聯是這麼寫的：

天才止於中壽，應與任公同不朽

信史流傳九州，不因義寧讓當仁

昨天是他的忌日，回想過去和高華先生不多的交往，覺得寫下來，對於理解高華也許不無裨益。

最早知道高華，是讀他的《紅太陽》一書，拍案叫絕，書裡沒有憑藉什麼稀見的史料，但是對於歷史發展的脈絡把握的卻非常精當，義甯陳氏治史，也是如此，由大家都熟悉的史料，揮發自己卓絕的見識。我在輓聯中說「不因義寧讓當仁」，指的就是這一點。

後來有一次去南京，同為史家的范泓老哥問我想見誰，我脫口而出：高華。

那時候他已經查出得了癌症，聽范泓老哥說，因為治病，高華教授賣掉了房子，因為有些藥沒有辦法報銷。當時我就表示，吃飯時要由我來買單。范泓老哥明白我的意思，沒有和我爭執。

他給高華先生打了電話，我們一起去高華家裡去。房子不大，印象中書也不多，范泓老哥解釋說，高華做研究，都是靠圖書館裡的資料，所以家裡書並不多。

當時聊了些什麼，現在都不太記得。然後是到了飯點下樓吃飯。

我那時候沒錢，范泓老哥體貼我，特意找了一家普通的館子，菜也是他點的，很普通，那頓飯下來，我們四五個人才不到兩百塊錢。

吃完飯，高先生和我說：「謝謝，好長時間沒有吃過這麼好的飯菜了。」

高先生去世那年，有媒體的朋友約我寫文章，想到這個細節，沒寫，因為想起來就很難受。

這件往事也讓我想起在高華先生生命垂危的時候，我曾經和范泓老哥商量，是不是可以在同仁之間發起一次籌款，以便改善一下高華先生的狀況，老哥說：「以我對高華和他家人的理解，他們不會接受。」

我理解，一個卓絕的歷史學家，看慣了歷史的滄桑，內心一定非常高傲。於是作罷。

印象中還有一次去南京，大家在南大校園裡散步，談到麥克法誇爾和史景遷，我班門弄斧，喋喋不休的說著我的看法，高華先生很認真的聽著，然後笑著表示認同：「麥克法誇爾當然好，他雖然會犯一些小錯誤，但是他的見識是史景遷沒法比的。對了最近香港要開一次學術會議，奎松發起的，麥克法誇爾也去，你可以去見見他。」

因為那時和奎松老師聯繫不是很多，我就請高華先生幫忙聯繫。

高華先生面露難色：「你認識奎松，自己聯繫最好，奎松可能不會買我的帳。」

後來我自己給奎松老師發了封郵件，奎松老師很爽快的答應了，但同時表示，由於預算的原因，他只能幫我負責在香港的食宿，但是機票需要我自己解決。那時候經濟不是那麼富餘，我盤算了一下那個月的收入和支出，最後還是放棄了那次會議。但是從這件事上，我發現外表粗獷的高華，其實內心非常敏感。高華先生去世之後，我在讀奎松老師悼文中他幫高華先生調往華師大的細節時，也得到了驗證。

高華先生去世後，很多師友都紛紛趕往南京弔唁。我不知道因為什麼事情沒有成行。事後聽幾位朋友說起高華的喪事，對南大很氣憤。

這是朋友們對高華的愛護之情。而高華自己，生前說起南大，還是挺滿意的，雖然他的教授職稱曾經因為《紅太陽》一書多年不能解決，他也沒有什麼怨言。據說是有一次楊振寧到南大去，和校方表示一定要見見那位寫了《紅太陽》的高華教授，南大才知道高華先生在國際上有那麼大的影響，楊振寧先生離開後，高華的教授職稱才算解決了。這個故事我沒有和高華先生求證，不知真假，寫這個故事，一是想說明高華先生對於自己的歷史才華相當自信，對於教授之類的浮名和待遇並不在意，當年我們在南大校園裡散步時他對麥克法誇爾的評價，也可以看成他的夫子自道；二來也是想說明，高華先生為人寬厚，在朋友們看來，像高華先生這樣天才的歷史學家，學校竟然長期不重視，實在說不過去，但是在高華自己，其實並不是特別在意。

我和高華先生交往不多，記得也都是小事，但是對於人們理解他，也許會有一點幫助吧。

願高華先生在天堂安好。

追憶陳之藩先生：民國遺風

去見陳之藩之前，我先見了童元方。童元方是陳之藩的夫人，同在香港中文大學任教。童元方跟我說：「你和陳教授會有共同的話題，他是半個民國人。」

見到陳之藩，我急忙忙先要攝影，他說不忙，下次再拍也來得及，我跟他說：「第二天我就要離開香港，走了。」

他於是問我什麼時候到的，我作答。他像個老頑童：「你來了這麼久，才想到來見我？」我趕忙說明原委。

我對他說，我要採訪你。他說，不忙，你對我瞭解多少呢？我先考考你。

然後，開始和他聊，陳之藩說話，信馬由韁，絕對不會任由引導。從下午兩點，到五點半，關於陳之藩與老輩人的交往以及他對同輩人的看法，我依然不敢說全部瞭解，但是，這些內容，足以引人入勝。更多的內容，倒是像老朋友聊天。聊天很親切，他也是河北人，鄉音未改，我可以用家鄉話和對聊。說到鄉音一致的用詞，兩個人哈哈大笑。

陳之藩目無餘子，聽他臧否人物，總是讓我想到當年與錢鍾書對話的石遺老人陳衍。確實，他也有這樣的資格。早年即有文章被選入臺灣國語課本，由於文章典雅，有六朝文風，幾被認為是和梁實秋一輩的古人。早早地在臺灣成了偶像式的人物，被譽為大師。他是科學家，如今眾多諾貝爾獎的獲得者是他的同儕或者晚輩；他又是文學家，寫得一手漂亮非常的小品文，敢說「就是現在，全中國我也不怕誰，比我寫得好的不多」這樣的話。別人說這話，是狂妄，他說，只是讓人覺得平實。

我要走了，向他告辭，他說：「這就要走了？我們才剛開始聊。下次你來，不要打電話，直接推門，我在，我們就聊，不在，你就走。」那一刻，我覺得老人有些寂寞。就像他在《寂寞的畫廊》中說得那樣：「永遠不朽的，只有風聲、水聲與無涯的寂寞而已。」

童元方說，看陳之藩的《王子的寂寞》，讀到末代皇帝溥儀，打電話時，說的是：「來者可是楊小樓嗎？」想笑不易笑，哭又哭不出來，沒有比這句子更悲涼的了。我告辭時看陳之藩先生的神態，不知怎的，竟然想到了這個情景。

以下的內容，為陳之藩的口述追憶：

幼年：兩株棗樹的記憶

幼時的事，大多忘記，唯有上五年級的時候，上的第一節課，至今難忘。

我那位老師，也姓陳，叫陳大眼。因為他的眼睛特別大，不生氣，眼睛也是圓睜的，我們都怕他。

那天上課，陳老師走進教室，大家都站起來，給老師鞠躬。陳老師打開課本，很平和：「我們講第一課，秋夜。」老師開始讀課文：「牆外有兩株樹，一株是棗樹，還有一株也是棗樹。」突然，老師把課本一下子扔出了窗戶外面：「別人是放一個屁，魯迅是放了一個屁，又放一個屁！」我們都嚇呆了。後來，那位老師死的很慘。

大學：與「朱利文媽媽」的「緋聞」

抗戰時期，北大、清華、南開，因為他們校長的關係，組成了西南聯大。當時，還有一個西北聯大，由北洋大學、北平大學、北平師範學院組成，西北聯大存在的時間很短。為什麼呢？跟蔣介石有關，蔣介石是南方人，他聽不懂北方話，當然對北方人也就比較疏遠，那時的當局，對西北聯大也不重視。所以西北聯大沒有多久，就分開了，分成西北大學、西北師範學院、西北醫學院。我當時在西北工學院。西北工學院的校長是誰呢？我告訴你，這個校長有意思。當時的教育部長是陳立夫，是北洋大學畢業的，陳立夫當時有個同班同學，叫李書田。李書田是誰呢？是諾貝爾獎獲得者朱利文的外祖父。他是當時西北工學院的校長。由北洋工學院、北平大學工學院，東北大學工學院、焦作工學院組成。

在西北工學院，朱利文的媽媽是非常紅的，因為當時的學校裡沒有女生嘛！當時我們經常拿著她開玩笑，比如有人問我：「陳之藩你追誰呢？」「李書田的女兒！」我們當時還發展了學校外面賣元宵的和賣皮鞋的小販的女兒，稱之為「元宵小姐」和「皮鞋小姐。」

李書田做西北工學院的校長，很有意思。他是一定要有自己的章程的。當時他提出，四校合併可以，但是要考試。按照考試結果評定教授資格，結果考完試之後，其他三個學校的教授都變成了副教授，副教授都成了講師，講師則成了助教。北洋的呢，北洋確實也是考的好，都維持原來的級別。結果被貶的人們都商量怎麼對付他，也想不出什麼辦法來，只好把他打出去。到了夜裡，每人到廚房拿了一根柴火，大家到了李書田的宿舍，叫：「李書田，你出來！」李書田一出來，大家上去一陣亂打，就這麼著，把李書田打跑了。

抗戰：人類不如獸類

抗戰開始的時候，我是從北京出發，坐京鋪路，然後到亳縣，然後走路西北上，大概走十天，過了幾個地方，我現在都不記得了，然後坐火車過通關。過通關的時候，我們趴在火車裡，黃河對岸的日本人拿著槍亂掃。那種火車，沒有窗戶，是用來運獸類的，其實那時候，我們還不如獸類，身邊的雞屎牛糞，都顧不上。過了通關，火車門打開，正過華山，真是漂亮。之後，就到了西安。我到了那裡，大概一年多，抗戰就勝利了。

抗戰勝利之後，各校開始複校，我們就又開始沿著原路回來。當時陳立夫並沒有任命李書田做北洋大學的校長，但是李書田因為戰前是北洋大學的院長，就自己跑回來主持北洋大學，自封院長。陳立夫跟他說：「戰前是戰前，戰後要教育部任命的。」但是他不管不顧，他跟陳立夫說：「你陳立夫跟我是一個班的，我考第一，你考第二十五。」陳立夫拿他一點辦法都沒有。

他當時宣稱：「平均分八十分以上的才是我的學生，八十分以下的我不要。」當時，我有的科目可以拿到滿分，但是有的科目，比如經濟學，只能拿到六十分，平均起來，七十九點五分。怎麼辦？我會寫信呀，我給李書田寫信，說明了情況。我說，李院長，重要的科目我都是一百分，但是像經濟學這樣的科目要慢慢學的。更何況，七十九點五，四捨五入，也是八十分。李書田給我回覆，收了我這個學生。

寫給胡適的信

大概是一九四七年，胡適在廣播裡講《眼前文化的動向》，之前我聽他講了兩三次，給他寫了信。他回覆了。那時候，蔣介石讓他當總統，雖然是虛情假意，但是也不容易，他哪裡有工夫見我？可是我去見他了，我穿著一個短褲，到東廠胡同一號，走進去，就見到了他。見到他，跟我見別人很不一樣。怎麼不一樣，也說不出來，就像吳稚暉見到了孫中山一樣，別人問他：「你幹嘛那樣敬佩孫中山？」吳稚暉說：「我就是覺得他偉大。」雖然我對胡先生的有些意見並不同意。見這樣的大人物，我並不覺得緊張，這是胡先生的高明。客氣地握手，讓我請坐，不過，胡先生很忙，我進去不到五分鐘，賀麟先生去找他了，我只好出來。

大概是一九五三年，胡適到臺灣去，發現我在臺灣。他見到我，問我：「什麼時候回來的？」我問他：「從哪裡回來？」胡適說：「從美國。」我說：「從臺北到高雄我都買不起車票，怎麼去美國？」

胡適怎麼會認為我從美國回來呢？這就說來話長了。胡適從美國回來，要有一個祕書來為他打理日常的工作、給他安排日程。當時那個祕書是楊日旭，楊日旭是陳雪屏為胡適派的。陳雪屏當時是臺灣教育廳的廳長。我和楊日旭是怎麼認識的？聽我慢慢給你說。當時我在編譯館做事，忽然有一天，楊日旭和編譯館的一撥人一起找到我，問我可不可以到陳雪屏家裡吃飯。我當時覺得很奇怪，他找我吃飯做什麼呢？從來沒有這樣一個大闊人找我吃飯啊。楊日旭給我解釋：「陳雪屏想辦一個學生雜誌，科學的欄目還沒有找到合適的人主持，因為我是學工程的，就找到了我。所以請我吃飯，就這樣去了陳雪屏家裡去了，當時，余英時的太太還是個小孩，大概上中學？我們吃飯的時候，她跑來跑去的。」

那天吃的是湖南菜，大家彼此推讓，給彼此夾菜。我愛開玩笑，說：「如果筷子再長一點，給對面的人夾菜正合適。」大家哈哈大笑。

吃完飯，雜誌就開張了。陳雪屏出錢。就這樣我認識楊日旭，他是中央大學畢業的。

胡適從美國到了臺灣，還是被一幫老人們包圍著。我聽說胡適到了臺灣，我就在報紙上寫文章，說胡適應該接觸新的青年，瞭解青年的思想。胡先生在報紙上看到我的文章，就向楊日旭打聽我。楊日旭說這是我朋友呀。就這樣我又和胡先生見面了。這時離我們第一次見面已經五六年，當時留美是一種風尚呀，他就想當然認為我是從美國回來的了。

胡適的英文

一九五五年，我到了美國，去賓夕法尼亞大學念書，胡適也在美國。我到了美國，直接去找胡適，那時是清早，給胡先生打電話，他剛起床，他家裡只有茶葉蛋，我就在他家吃了一個茶葉蛋。經常去見他，是在兩年半之後，在暑假。忽然，賓夕法尼亞大學給我一份工作，非常之好，那時候，梅貽琦自己支取庚款的薪水，一個月才至兩百塊錢，你知道那時我一個月能掙多少？一千塊。雖然只有九個月，但是已經非常好了。為什麼這麼高呢？因為我的前任，是這個學校的創辦人，所以薪水非常高。

那時候，幾乎天天去見胡適。都是他找我，有時我不在，他就把電話打我的房東太太那裡，房東太太跟我說：「你這個朋友，真是nice。」我問她：「為什麼nice？」房東太太說他的英文比你好的多。我說那當然，他在這裡當大使。那時我們會在一起聊他們那個時代的最好的散文家、政論。胡先生給我介紹了很多，他怕我窮，介紹完了之後就買一些相關的書送給我。

金嶽霖：「你知道什麼是悲觀嗎？」

我在北洋大學讀到二年級，那個暑假，我忽然想學哲學了，就考了清華的哲學系。考上了，我到了清華，去見了金嶽霖。他問我：「你為什麼要學哲學？」我跟他說：「時局如此，我很悲觀，想學哲學。」

金嶽霖問我：「你知道什麼是悲觀嗎？」

「不知道。」

「悲觀是你看到一套價值即將消滅了，而你想要保存卻又沒有辦法保存的那種感覺。」金嶽霖說話，哲學味很濃，聽得我有些茫然，「你的意思是想救國，可是哲學救不了國，哲學只是一門學問。」

我就接著問他什麼能救國，他就告訴我，只有哲學變成了宗教才會有力量，可那時哲學也就不是哲學了。就這樣，他打消了我學哲學的念頭，又回到北洋大學去了。

沈從文：「我們這裡到處是血與火」

沈從文這個人簡直妙極了！他是因為聽胡先生說到我，給我寫信，比我給他寫信寫的還多。他還給我找事情做，介紹我到《益世報》工作。因為那時候李書田跟我說，北洋大學畢業要到臺灣去並不是很容易。沈從文非常可愛，人也非常真。我的文章也許不如他，可是我的字比他寫的好。開始寫信都是什麼內容現在都不記得了，大概是談他的小說，像《邊城》啊這些文章。後來見到他，就是我去看胡適那次，大概就是在看了胡適的第二天。我和沈從文就見過著一面，但是通信很多，包括我到臺灣之後。我記得他寫過這樣的內容，他在信裡說：「你到臺灣很對，現在我們這裡到處是血與火。」

梁實秋的商人氣

我在臺灣編譯館的時候，梁實秋是人文組的組長，李書田是自然組的組長。自然組有一兵一將，將是李書田，兵就是我。人文組也是一兵一將。後來梁實秋當了編譯館的館長，把我的薪水加了一倍。為什麼給我加薪水？因為我寫的好呀！那個時候，我幾乎天天到他家裡去聊天，梁實秋也很無聊嘛，晚上就在他們家吃晚飯。梁先生從前的太太，也在編譯館。問題就在這裡，因為梁先生的兒子梁文騏留在了內地，梁師母就把我當成了兒子，所以每次我在他家裡吃飯，梁師母就很高興。也也沒有什麼問題，可是她總是會問我：「你給你媽寫信了沒有？」那個時候，我母親在北京，正好是文化大革命的時候，我哪裡敢往回寫信啊。你看看，我和梁師母的關係，也很微妙。

梁家的小妹對我雖然也不錯，但是畢竟是小孩子，看到自己的媽媽拿我當兒子，很高興。

梁先生對我很好的，客觀地說，梁先生有些商人氣，可能跟他家庭環境有關係吧。

余英時的舊詩詞極好，唐德剛的詩詞一般

余英時比我小，我佩服他的只有一件事，那就是他的舊體詩寫得真好。胡先生在日記中罵過余英時，你在胡適日記中查得到的，胡先生很少那樣罵過人。我想大概是余英時剛到美國的時候才氣太露了，年輕氣盛，讓胡先生動了怒。余先生當然看到過這些內容，不過余英時很大度，從來不計較這個。

因為他沒有見過胡適，而我見過胡適，他就覺得只要是陳之藩說的，那就很可靠。余英時要是想讓自己的東西傳下去，就應該寫得經濟一些。不要動不動就長篇大論、著作等身，要不然那麼長的文章，誰看？誰看？

李懷宇到美國去，大概是跟余英時說是陳之藩的朋友一類的話，所以余英時才會給他寫序。

有一次我去美國，出版過我的書的一個出版家那時已經辦到了美國定居，他請我吃飯，當時有吳健雄、袁家騮夫婦，還有唐德剛。

唐德剛這個人很有意思。他也會做舊詩，但是沒有余英時那麼好，沒有那麼工整。他是打油詩，也押韻。其他的人，無非就是湊夠了七個字一句，有那麼點意思而已，算不上舊詩。

楊振寧太精明

我和楊振寧的關係時好時壞，現在可能是在壞的低谷中。他和童元方的通信大概可以編一本書了，他們聊得來。對於老師，中國和西方很不一樣，中國是一日為師終生為父，外國則是考完試之後就平起平坐。楊振寧和李政道都是吳大猷的學生，雖然他們的系統的教育都是在國外學習的，但是他們對於吳大猷都還保持著中國人的傳統。這是兩種價值觀念的不同，比如說娶媳婦，在中國是男方出彩禮，在美國，則是女方出彩禮。結果有的人兒子結婚就在美國，女兒結婚就在中國。反正都不吃虧。這種人不是說不好，但是讓人覺得太聰明了。楊振寧和李政道都是特別聰明的人，太聰明了，就不好做朋友了。

追憶王學泰先生：只要有他在場，就不會冷場

有一段時間，我住在勁松那一帶，離王學泰先生家很近，步行過去，不到十分鐘，可以說是鄰居。之前一般都是通過電話聯絡，那段時間好了，打個電話過去，聊著聊著，王老師就說，你乾脆過來聊好了。我就過去，東南西北，兩代人神聊一通。碰到王師母在家，臨走時必定可以從王師母手中領到一張主張素食的宣傳單——師母是堅定的素食主義者。我還沒有搬到勁松的時候，有一次在王先生家聊天，聊得晚了，臨走時，王先生指著王師母小聲說：「我不留你吃飯了，不能吃肉，改天，咱倆下去吃……」看著王先生的表情，簡直想捧腹大笑。

王先生一九四二年在北京出生，到現在在北京生活了六十多年，熟知的人都知道他學問的淵博，出乎文學，入乎史學，都遊刃有餘。去年他的《遊民文化與中國社會》再版，封面上說王先生的遊民文化觀「與吳思『潛規則』、余英時『士文化』並稱中國當代三大人文發現」，這當然有出版方為了賣書找噱頭之嫌，三人的治學方式以及治學思路各有不同，不好相提並論，不過到也從一個側面反映了王先生治學的獨出機抒。我時常對人說王先生學問淵博淹古今，有時會引來不同意

見，「太過譽了吧？」

這樣問的人，其實不知道王先生淵博的基礎，王先生在社科院的時候，有一段時間，每天去圖書館，一坐就是一天，直到把那裡的書看完。

所以每次和王先生通電話，總是聊的時間特別長，他腦子裡的東西多，說起來滔滔不絕。有一次和章詒和老師吃飯，說起王先生，章老師說：「聚會的時候，只要有學泰兄在，就絕對不會冷場。」那場面我不用看見，就可以想像出來。有時候聊天聊得入神，也會留下佳話。

二〇〇四年十月二十六日，王先生和邵燕祥、陳四益相聚，三位都是曾經經歷世事滄桑的人，說起當年的大躍進，王先生忽出妙語：「有點精神，有點精神病。」「有點精神」，是當年大躍進的發動者對於群眾的動員，有點什麼精神？若是對大躍進稍有瞭解，便可以想像得出來。王先生的引，讓邵先生來了興致，立即填詞一首。王、陳二位也不示弱，步韻其後。這三首詞，妙趣橫生，不大見諸報端，引錄如下。首先出籠的是邵詞：

〈蝶戀花・借王學泰警語戲成一闋〉

遍地山鳴兼谷應。旗幟爭飛，鑼鼓喧天競。一變精神成物用，英明自是誇天縱。

振奮三生真有幸。有點精神，有點精神病。直到澆頭知水冷，瘟神何待瘟神送？

王先生和詞

倒海排山豪氣沖，笳鼓爭鳴，躍進普天慶。驅遣玉皇為我用，天堂熠熠神州競。
夢醒南柯成一哄，有點精神，有點精神病？數米夜深鍋灶冷，詞人解撰《河清頌》。

陳四益和詞

記得少年拼傻勁，三尺深翻，不放些兒剩。熟土掘光顆粒罄，茫茫大地真乾淨。
撞倒南牆人未醒，有點精神，有點精神病！樹欲止而「瘋」不靜，沉沙折戟摧殘命。

這場聚會，我不能躬逢其盛，只是聽王先生講，便已神往。不熟悉那段歷史的人，看了這詞，只會覺得好玩，不會覺得沉痛。王先生的女兒，在聽到爸爸講述那些年的往事的時候，竟然說：「哎呦，爸爸，我要生在你那時候多好啊！」王先生聊起這些，黯然傷神，「年輕人對這些都不瞭解了。」

因為在一個不提倡思考的年代裡獨立思考，中學時受批判，大學時被劃為「反動學生」。前不久王先生的一幫老同學聚會，一個有心的同學給班上所有的人都作了一個「小傳」。王先生把自己的「小傳」拿回家，王師母一看：「你說的話怎麼跟四十多年前沒有什麼變化？」王先生答：「我四十年前說的話現在才能說，我現在想的話要以後才能說。」

前年的時候，《李宗吾新傳》出版，我知道王先生對李宗吾感興趣，就給他拿過去。「原來《厚黑教主傳》的作者張默生，因為在流沙河打右派問題上說了一句『詩無達估』，也被打成右派。前不久陝西的《開壇》讓我去講了一次，你可以和流沙河一起去講講李宗吾，世人對他誤解太深。」典型的王氏開場白，張嘴就是學問。後來，王先生還專門和《開壇》聯繫介紹此事，不過最終因為電視臺覺得李宗吾有點「那個」作罷。正好給王先生的「誤解」說做了注腳。

聊天完畢，從王先生家出來的時候，「王老師，要是有時間，能不能給這個書寫個評論？」心裡真是不好意思，哪有這樣給人送書的？「你不說我也要寫的，我有想說的話。」本來王先生的文章不需要我來安排，但是出版方說，如果有朋友寫了書評，先發到他們那裡。想來他們有他們的考慮，所以跟王先生說好，直接給我就可以。王先生寫完之後，經我轉手發給出版方，結果石沉大海。心中愧疚得不得了，給王先生負荊請罪：「王老師，對不起……」時隔不久，我的另外一個隨筆集子出版，給王先生送去，只是想讓王先生閒時翻翻，以備消遣。沒想到過了幾天，他打電話來：「小陳，我給你的書寫了個評論……」

有一次聊天，王先生說起，從寫文章到現在，只有兩篇文章沒有發出來，一篇是給《李宗吾新傳》寫的評論，另外一篇則是另有隱情。聽先生說這番話，心中大愧。最近一次和王先生通電話，電話一接通，王先生就說：「真巧，《李宗吾新傳》的書評，我後來又增加了一些字數，最近陸灝在上海辦了個書評週刊，管我要書評，我就問他這篇要不要，他說要，我就給他了。」

說來奇怪，越是熟悉的人，寫起來越覺得茫然，正是應了那句西諺：「僕人眼中無偉人。」比如王先生，淵博、謙和、熱情這當然都是他的特點，也是熟知他的人們的共識，但是，僅有這些還不能給他畫個素描吧。到文章收尾的這一刻，我想起的竟然是章詒和老師的話：「只要有學泰兄在，就絕對不會冷場。」

關於季羨林去世的幾點思考

七月十一日，一天之內，接連兩位老人先後辭世：季羨林、任繼愈。大儒凋謝，神州嘆息。

讀過任先生的四卷哲學史，還見過面，但是一時之間，忽然發現自己對於任先生瞭解竟然非常蒼白。和季先生沒有任何來往，但是，對於季先生的去世，反倒覺得有話可說。這很正常，近幾年，季先生不單單是一個學者，更像個明星，辭「國學大師」、書畫門風波、各種關於他的傳記，等等等等，不一而足。

對於「明星」，即使不是「粉絲」，大多數人也能津津樂道，比如我，原本與季先生沒有什麼往來，這時受了編輯之約，也能在這個時候嘮叨幾句。

按理說，在這時候，說老話說好話說套話，誰也不會怪。但是我一介後生，和季先生沒有來往，沒有老話可講；說好話，自然有季先生的親朋好友、高足弟子，也輪不到我；說套話，我想，大概也不符合編輯的本意。

在此只提幾個疑問，即使說錯了話，想來寬厚的季先生也不會怪罪。

其一：季先生的學問，我想一定是非常好的，否則不會有這麼多人管季先生叫「大師」，但是，說實話，我老覺得季先生學問涉及的領域不像季先生的散文，好像不會有多少人真正懂得。一九八〇年，季先生出訪聯邦德國，碰到了懂得他學問的人——業師瓦爾德施米特教授。季老把才出版了一本的《羅摩衍那》送給自己的老師。沒想到自己的老師「板起臉來」，「很嚴肅」地說：「我們是搞佛教研究的，你怎麼弄起這個來了？」

翻閱季先生去世幾日以來媒體報導，對季先生的稱謂一律是「國學大師」，惟有《人民日報》稱季先生為「著名學者」，我覺得，還是這個用詞比較準確，也比較尊重季先生本人的意思。季先生「大師」的稱謂，是誰封的？或曰：社會造就了季先生這樣的「大師」，那這是個怎樣的社會？好在季先生明白，生前就有過辭「國寶」、「國學大師」和「學術泰斗」之舉。

其二：關於自己在學術上所受到的前輩影響，季先生說的最多的是陳寅恪。陳寅恪教過季羨林，季羨林聽過陳寅恪的課，兩位先生的治學領域有重合，這都是事實，但治學風格迥然有異，這是很容易看得出來的。

一九四五年，季羨林即將在哥廷根大學畢業，他給當時正在英國療治眼疾的陳寅恪寫了封長信，報告自己在德國十年的學習情況。人生真是奇妙，季羨林在德國的導師瓦爾特施米特教授，恰恰是陳寅恪當年在柏林大學的同學。陳寅恪很快回了信，並在信中說他想向胡適、傅斯年、湯用彤幾位先生推薦季羨林到北大任教。這才有了一九四六年的北大青年教師季羨林。之後季羨林和陳寅恪還有不少來往，比如一九四八年陳寅恪當選中央研究院院士，季羨林聽說之後就「立即去拜見」，但是學術往來，相對來說，則要少一些。

陳寅恪對季羨林有影響，但是，是很什麼樣的影響，是可以細緻討論的問題。

其三：現在人們常津津樂道季先生是當年四劍客之一，並以此說明青年季羨林便不同凡響。季先生是「四劍客」不假，「四劍客」後來都各有成就卓然成家也不假。但是考察歷史要回到歷史情境。查看當年清華教授們的日記或者傳記，提到「四劍客」的很少。看來「四劍客」只是當時意氣風發的青年友朋之間的相互砥礪，不才在大學讀書的時候，還被稱為「第一才子」呢，可是誰也不會當真，更不敢把這個看成自已成為泰斗的跡象，我要真那麼想，不讓人笑掉大牙才怪呢！

還有其四、其五，暫且學一下季先生，「真話不全講」，就此打住。並無對季先生不敬的意思，相反，我對季先生充滿敬仰，只是覺得還原真實是對逝者最大的尊重。

「縱浪大化中，不喜亦不懼。應盡便須盡，無複獨多慮。」是季先生喜歡吟誦的一首詩，先生已至化境，後生小子即使話有不當之處，西去的季先生，當然也不會在意。

二〇〇九年七月十五日於通州吾廬

輯二

遙想

伊尹：中國第一位帝王師

儘管華夏中國號稱有五千年歷史，但三皇五帝，究竟是「煙濤微茫信難求」，就連三代之夏，也是杳渺難證。真正有文字記載，是從商朝開始。但即便有了文字記載，商代之史事，也鮮有治史者敢言之鑿鑿。比如古人稱商為殷，但就目前地下發現的史料來看，商人從未以此自稱。殷商之由來，大概是周人所稱而後世沿用。所以司馬光編纂《資治通鑑》，開篇從周朝談起，足見其嚴謹。

商湯滅夏開國，凡傳十六世（有稱十七世），二十八王（一說為三十一王，史記則說為三十王）。但距今若干年，經歷若干歲，至戰國時期已經眾說紛紜：《春秋》稱商祀六百，《孟子・盡心篇》則雲由湯至文王五百有餘歲，《韓非子・顯學篇》則認為殷商七百餘歲，而古本《竹書紀年》則說商代歷經四百九十六歲。古史杳渺，我的看法的是，與其一口咬定，不如姑且存疑。

就連商代偉大的開國之君商湯，在甲骨文中也未見其名。商人稱湯為高祖乙，又稱大乙。王國維研究甲骨文，認為唐即是湯，並印彝銘為證。但是大乙為什麼稱唐，不可得知，湯應作唐，也沒什麼道理可講。為敘述便利，我們依舊稱大乙為商湯。

商湯之功績，在對外征戰連連獲勝，擴充了商的領土。《孟子》言其用兵，自葛始十一征而無敵於天下。比《孟子》成書更早的《商頌》，也詠湯武功：「韋顧既伐，昆吾夏桀。」由是可知，商湯以武功得天下，說其以位禪讓卞隨、務光而二人不受，是給湯人為加上光環，不足信也。

輔佐商湯取得天下的重臣，便是伊尹，尹是其官職，相當於後來的丞相。

關於伊尹，傳說更多，比如其出生，甚至有神話色彩。傳說中的伊尹，出身奴隸，由於研究三皇五帝和大禹王等英明君主的施政之道而遠近聞名，被人引薦給商湯，為商湯所倚重。

《孟子》說：「湯之於伊尹，學焉而後臣之，故不勞而王。」可見伊尹是中國第一個帝王之師。《孟子・萬章》篇說伊尹「以堯舜之道要湯」，「而說之以伐夏救民」。何為堯舜之道如今已難知曉，但從「說之以伐夏救民」這幾個字我們可以知曉，在商湯的一系列殺伐征戰的過程中，伊尹是起了重要作用的。

相傳，伊尹和夏桀王遺棄於洛河流域的元妃妹喜相交，通過妹喜瞭解到夏桀王內部的許多重要情報。為了測試九夷之師對夏桀王的態度，伊尹勸說商湯，決定停止對夏桀王的貢納。結果夏桀大怒，「起九夷之師」攻湯。伊尹看到九夷之師還聽夏桀的指揮，就獻計商湯暫時恢復對夏王朝的貢納，同時積極準備攻夏。大約在西元前一六〇一年，伊尹決定再次停止對夏王的貢納，夏桀王雖再次起兵，但「九夷之師不起」，在政治和軍事上完全陷人孤立無援的困境。伊尹看到滅夏的時機已經成熟，便協助商湯立即下令伐夏。由此觀之，可知伊尹對於商湯的輔佐，重要的可能不是他所研究的堯舜之道，而是他的謀略。

商滅夏之後，伊尹成為有商一代最具權勢的臣子。《尚書》中記載：「成湯既受命，時則有若伊尹，格於皇天。」

「格於皇天」什麼意思？是說伊尹是代天言事的，他的話就等於天意。這是何等氣勢，怪不得他自己也說：「天之生此民也，使先知覺後知，使先覺覺後覺也。」並且自稱：「予天民之先覺者也，予將以斯道覺斯民也，非予覺之而誰也？」（見《孟子》）

我們知道，在商代，因為人們不能瞭解自然現象，以為天時變化、福禍降臨、年歲豐歉、戰爭勝負都有神鬼主宰，所以迷信極為深痼。我們看現存的甲骨文，多為貞卜吉凶的記錄。伊尹說自己為天生之民，其地位和權勢可想而知。而且商代建立後，官制典章都是在伊尹的輔佐之下制定的。因為沒有文字記載，我們現在無法知道商代的官制。但說伊尹為一人之下萬人之上，應該不為過。尤其從伊尹流放太甲一事可見一斑。

商朝的傳位制是兄終弟及，沒有弟弟才傳位兒子。這種傳位制，給商代王室帶來紛爭，司馬遷在《殷本紀》中記載：「自中丁以來，廢嫡而更立諸弟子，弟子或征相代立，比九世亂，於是諸侯莫朝。」所以到了商末，傳位制由兄終弟及改為傳子制，一直延續千年之久，這是後話。商湯去世後，由於沒有弟弟，長子太丁又早亡，所以傳位次子外丙，外丙傳位其弟仲壬。這兩位王，在位的時間都不長，而且在位時都是由伊尹輔佐。仲壬去世後，伊尹以開國元老的身分，宣佈太丁的兒子太甲繼承王位。

太甲繼位後，相傳伊尹寫了三篇文章，大意是什麼該做，什麼不該做，要遵守祖宗典制云云。這時伊尹，已經不能以一人之下萬人之上視之了。遵守祖宗典制沒錯，可是祖宗典制是伊尹制定的，也就是說，作為王的太甲要做什麼，要聽伊尹的。太甲當然不爽。繼位三年後，開始不尊湯法，此時湯已經死去多年，自然沒有什麼辦法，但是伊尹還活著，他有辦法。

《左傳‧襄公二十一年》及《孟子》云：

「——太甲顛覆湯之典刑，伊尹放之於桐。三年，太甲悔過，自怨自艾於桐，處仁遷義，三年，以聽伊尹之訓已也，複歸於亳。」

而《竹書紀年》中則有不同記載：

「——仲壬崩，伊尹放太甲於桐，乃自立也。伊尹即位於太甲七年。太甲潛出自桐，殺伊尹，乃立其子伊陟伊奮，複其父之田宅，中分之。」

從邏輯上來看，《竹書紀年》記載頗不可信，伊尹果真放太甲而自立，太甲殺伊尹之後斬草除根上來不及，怎麼會再用其子？據現存的甲骨文，伊尹在死後為後王所祀，若伊尹為太甲所殺，自子孫當視之為叛逆，斷不能祀之而令其死後享有尊榮。

伊尹流放太甲，給後世儒家留下了一道政治學上的難題，後世權臣則常以此為自己的專擅行為辯解。結果還是孟子會說，他說：「有伊尹之志則可，無伊尹之志則篡也。」這意思就是說，伊尹這麼做可以，別人這麼做不行。為什麼？因為伊尹代表了正義，這是孟夫子的一貫邏輯，但是，歷史的真相是，伊尹的勢力比太甲大，正義的力量，在歷史的發展中，從來都不不如實力的作用大。

學者陶希聖據此認為在商朝是神權大於王權，而代表神權的世襲僧權也大於王權。神權大於王權沒有問題，但是世襲僧權大於王權則值得存疑。因為在商朝的祭祀中，一為祭天，另一重要的祭祀則為祭祖。當時的人們認為王死後靈即上升，而臣下死後依然為臣。在這樣的觀念之下，神權之下的世俗王權有著無限的權威。

伊尹能流放太甲，說白了，還是他的實力大。

周公：中國兩千年帝制的奠基人

牧野一戰，殷亡周興。

商朝最後的亡國之君——辛，也就是人所熟知的商紂王。據周人後來的敘述，受辛暴虐聚斂，查《竹書紀年》《韓詩外傳》的古史可知，同夏代末代王桀的行徑如出一轍。其實，桀之行徑，為商人記載，紂之暴虐，為周人所述，二者比附妝點之跡甚為明顯，所以宋人羅泌作《路史》，說「書傳所記桀、紂之事多出模仿」。只有商紂荒淫殘暴，民心叛離，才會有文王、武王累世積德行仁，民心歸向。

但歷史的發展，並非遵循如此簡單的邏輯。當時殷商是天下共主，兵力強大，為何一戰而亡？查看殷周之際的材料，有兩條值得注意，一為「紂克東夷而隕其身」（《左傳》昭公十一年），二為「昔周饑，克殷而年豐」（《左傳》襄公四年），前者說商紂在牧野之戰之前曾經征服東方的外族，國力大大損耗，武王乘其疲蔽而勝，後者則說牧野之戰本是周人掠奪糧食，乃競爭生存之戰。伐紂之前，武王嘗與弟周公旦言「餘夙夜忌商，不知道極。敬聽以勤天下」。這也印證了周之滅商，早有預謀。《左傳》說「紂之百克而卒無後」，「恃才與眾，亡之道也，商紂之由也，故滅」，由是觀之商紂反倒是一位有軍事天才且有群眾的領袖。

有意之史料，要參照無意之史料，才能撥雲見日。

殷商隨亡，但於政治勢力上尤有不可輕侮之處。周朝解決這一問題的方法是分封，《史記》說「武王克殷，廣封先王之後」，只不過此時先王之後的權力，已經是周天子給的了，「今從天子出」，表明了周天子的政治權威和統治。紂之子武庚，就是在這樣的情勢下獲封於殷的，但是武王不放心，又封自己的弟弟叔鮮於管，叔度於蔡，叔處於霍來監視武庚，叫做三監。這在文後我們還會提到。周朝的另一策略，則是分化，當時新封之國有魯、衛等，周以殷民六族歸魯，七族歸衛，以此分化殷商舊勢。後人由此認為周為封建之始，其實並不確切，封建之制，周以前為自然形成，周建國以此解決政治問題，則是事實。

輔佐武王伐紂的兩個重要人物，一個是太公望，也就是神話傳說《封神榜》中的姜子牙，另一位，就是武王的弟弟周公旦。周滅商之後分封分化的計策，就是出自周公旦。

武王崩，成王年幼，周公踐天子位。周公當國，武王的另外兩個弟弟叔鮮、叔度不服氣，四處散播周公將對成王不利的消息，後世王安石有詩云：「周公恐懼流言日」，說的就是這個故事。後來叔鮮和叔度奉武庚反周，這也印證了即使在武王駕崩之後，殷商勢力仍存。於是「奉成王之命」東征，殺武庚，誅鮮，囚度，降處為庶人，對此後世盛稱「大義滅親」。武王克商，只是打擊了商王朝的核心部分，直到周公東征才掃清了它的週邊勢力。東征以後，周人再也不是西方的「小邦周」，而成為東至海，南至淮河流域，北至遼東的泱泱大國。《詩經・豳風・破斧》云：「既破我斧，又缺我斯。周公東征，四國是皇。哀我人斯，亦孔之將。」可見周公東征的殘酷。

東征之後，周公開始上監夏商二代遺法，集上古之大成，開後世之規模，制禮作樂。這一點對於中國文化的展開，至有偉大的力量，被孔子讚美不已。

夏商二代遺法如何已不可考，但是周代禮法完備，所以才令孔子一生孜孜以求。簡要敘述如下：

周代官制完備，立太師、太傅、太保，稱「三公」，立少師、少傅、少保，稱「三孤」，三公三孤是天子顧問之官，不問實際政治，真正執行中央政府命令的是「六官」：天官總理一切庶政，地官掌教育，春官掌祭祀與禮樂，夏官掌兵馬，秋官掌刑辟，冬官掌百工。六官之下，各有屬官六十，故周朝總官，號稱三百六十。六官制度，一直是後世中央政府的模範，歷朝雖有斟酌損益的變動，但一直沿襲至清末。由此可見周公對中華文明的影響之深遠。其次是田制和稅法，以及兵制和司法，周公也都一一擘畫，後世體制，也多以此為藍圖。

尤其值得一提的是，周公對於教育制做了詳細的規定，大學稱「辟雍」或「成均」，是王世子、卿大夫的嫡子和國內俊選之士的學習場所，小學則州有「序」，黨有「庠」，是尋常人家的學習之地；閭有「塾」以教閭民。小學的入學年齡是八至十四歲，大學則是從十五歲到二十歲。小學教長幼之序和灑掃應對之節，大學教《禮》、《樂》、《詩》、《書》。學校之制，上古時代雖有基礎，但到周公始集大成。

周公對於中國政治的另一大貢獻，就是確立了「嫡長子繼承制」，嫡長子繼承制確立以後，只有嫡長子有繼承權，這樣就在法律上免除了支庶兄弟爭奪王位，自周以後，中國帝制歷兩千年而不衰，一個重要的因素就是這一制度起到了穩定的作用。嫡長子繼承制是宗法制的核心內容。周公把宗法制和政治制度結合起來，創立了一套完備的服務於奴隸制的上層建築。周天子是天下大宗，而姬姓諸侯對周天子說來是小宗。而這些諸侯在自己封國內是大宗，同姓卿大夫又是小宗，這樣組成一個寶塔形結構，它的頂端是周天子。周代大封同姓諸侯，目的之一是要組成這個以血緣紐帶結合起來的政權結構，它比殷代的聯盟形式前進了一大步。但是這一制度，有其天然的缺陷，王室與諸侯的君臣關係，難以長久持續。因為在封建制度之下，國君世襲，其卿大夫亦為世襲，但實質與環境卻不會一成不變。隨著分封國與王室血緣上的日益疏遠，分封國逐漸成為獨立王國，兄弟之國，常以利害衝突而互相攻擊甚至侵地滅國，這是遠遠超出了武王和周公的預料的。

與伊尹相比，伊尹是不王而王，周公是王而王。伊尹是外臣，自王而王，名不正言不順，只好托天的名義發號施令，儘管他權勢大到可以流放太甲，但是依然是臣的身分。儘管周人在迷信鬼神的程度上不亞於商人，但周公在制定禮樂和東征蔡管之時卻不必托天之名。為何？周公是武王的胞弟，成王之叔，在血緣上與最高權力有著天然的聯繫。尤其是在周初建時期，傳子制並未明確確立，周公攝政，不算僭越。

但周公之所以能在歷史上稱為聖人，影響力千年不衰，還得益於他的完美收局：周公攝政七年，制定禮樂。此時成王已成少年，周公決定還政成王，於權力毫不眷戀。正是因為如此，在周公去世之後，成王以天子之禮葬之。對此，《史記》有記載云：「周公在豐，病，將沒，曰：『必葬我成周，以明吾不敢離成王。』周公既卒，成王亦讓，葬周公於畢，從文王，以明予小子不敢臣周公也。」

周公制禮作樂，為中國千年法式，他所制定的嚴格的君臣、父子、兄弟、親疏、尊卑、貴賤的禮儀制度，以調整中央和地方、王侯與臣民的關係，加強中央政權的統治，成為孔子一生不斷追求的秩序社會。司馬光在《資治通鑑》的開篇中所說的：「子之職莫大於禮，禮莫大於分，分莫大於名。何謂禮？紀綱是也。何謂分？君、臣是也。何謂名？公、侯、卿、大夫是也。」

其核心，也是周公的「禮制」。

備獲儒家點讚的一位法家先驅

西周傳十二王至幽王。關於西周覆亡，千夫所指，盡向褒姒。《史記》稱：「王舉烽征諸侯兵而兵莫至。」《國語》云：「褒姒有寵，生伯服，於是乎與虢石甫比，逐太子宜臼而立伯服。太子出奔申，申人、鄫人召西戎以伐周，周於是乎亡。」《詩經》中說的則更為直接：「赫赫周宗，褒姒滅之。」

傳說褒姒豔若桃李，卻冷若冰霜。幽王為博美人一笑，於全國懸賞求計。遂有人獻計用烽火臺一試。烽火是古代敵寇侵犯時的緊急軍事報警信號。由國都到邊鎮要塞，沿途都遍設烽火臺。西周為了防備犬戎的侵擾，在鎬京附近的驪山（在今陝西臨潼東南）一帶修築了二十多座烽火臺，每隔幾里地就是一座。一旦犬戎進襲，首先發現的哨兵立刻在臺上點燃烽火，鄰近烽火臺也相繼點火，向附近的諸侯報警。諸侯見了烽火，知道京城告急，天子有難，必須起兵勤王。於是烽火臺上無端點起烽火，諸侯紛紛趕來，褒姒笑焉。

此之後，每有國滅，必有禍水紅顏出焉。

但如果考究史實，此故事頗為荒誕，帝王昏庸常見，但是拿江山為兒戲，自古未見。對帝王來說，江山永遠是第一位的，就連不愛江山愛美人的李隆基，到了馬嵬坡下，也要交出美人保護江山。更何況，當時之地理，申在東南，戎在西北，相距遼遠，無從合作。

西周覆亡，褒姒不是主因。其一是因為天災，《詩經》中有詩為證：十月之交，朔日辛卯。日有食之，亦孔之醜。詩人筆下的十月之交，據推算為西元前七七六年，即幽王六年。其二為政治腐敗。在同一首詩中，詩人列舉了當時在朝中佔據高位者七人，要麼虐民，要麼難稱其職。詩人說「豔妻煽方處」，指任用七人與褒姒有關。其三，為制度上之弱點日益呈現。

西周既亡，周平王東遷於洛邑。此時，周室已降於弱國地位。孔子曰：「天下有道，則禮樂征伐自天子出；天下無道，則禮樂征伐自諸侯出。自諸侯出，蓋十世希不失矣；自大夫出，五世希不失矣；陪臣執國命，三世希不失矣。」說的正是這一段時期，自東周開始，禮樂征伐自諸侯出。最初，周王也想行使權力，但是做大了的諸侯已經不再臣服王命，王之權威不行於諸侯。為保表面上的尊嚴，周王乃不復問事。

這一時期，分封各國逐漸自成格局，五國諸侯漸成霸主，分別是：齊桓公、宋襄公、晉文公、秦穆公和楚莊王。史稱春秋五霸，這其中，宋襄公圖霸未成，而吳王夫差和越王勾踐雖然未名列霸主，卻自稱霸業。周王的不復問事，在表面上保持了王室的尊嚴，霸主的興起，每每使用的口號，便是「尊王攘夷」，「尊王攘夷」這一口號的提出者，正是我們這篇要談的管仲。所以，要瞭解東周的情形，必須要瞭解東周列國的情況。

其時，國與國之間幾無信義可言，友邦時而變為敵國，敵國忽而變為友邦。「春秋無義戰」，孟子這一感慨，正是針對此而發。

五霸以齊桓公為首，齊桓公以管仲為相。孔子說：「微管仲，吾其被髮左衽矣。」這句話什麼意思？意思是說，沒有管仲，我們還將處於蠻荒呢。」

孔子對管仲的評價很高。

關於管仲，流傳最廣的故事，莫過於鮑管之交，為節省篇幅，在此不再贅述。但是管仲之所以能夠輔佐齊桓公成就霸業，確實得益於其好友鮑叔牙，另一方面，也得益於齊桓公以一代霸主的寬廣胸襟包容了管仲的一箭之仇。在齊桓公未登王位之前，鮑管各為其主，卻不影響私誼。以當時的局勢，管仲輔佐的公子糾處於優勢地位，但是管仲卻勸告鮑叔牙盡心輔佐當時處於劣勢的公子小白，也就是之後的齊桓公，而自己在盡力輔佐公子糾，在必要的時候卻不惜獵殺小白性命。如此一來，無論局勢如何變化，管仲都將立於不敗之地。其射殺小白，非為個人，乃為其主，也就是說，即使小白上位，只要有一代霸主的雄心壯志，再加上好友鮑叔牙的從中周旋，那麼，像管仲這樣的治國人才，必然是齊桓公網羅的人物。

後來的發展，果然如此。管仲拜相之後，把國政分為三個部門，制訂三官制度。官吏有三宰。工業立三族，商業立三鄉，川澤業立三虞，山林業立三衡。郊外三十家為一邑，每邑設一司官。十邑為一卒，每卒設一卒師。十卒為一鄉，每鄉設一鄉師。三鄉為一縣，每縣設一縣師。十縣為一屬，每屬設大夫。全國共有五屬，設五大夫。每年初，由五屬大夫把屬內情況向齊桓公彙報，督察其功過。於是全國形成統一的整體。軍隊方面，規定國都中五家為一軌，每軌設一軌長。十軌為一里，每里設里有司。四里為一連，每連設一連長。十連為一鄉，每鄉設一鄉良人，主管鄉的軍令。戰時組成軍隊，每戶出一人，一軌五人，五人為一伍，由軌長帶領。一里五十人，五十人為一小戌，由里有司帶領。一連二百人，二百人為一卒，由連長帶領。一鄉二千人，二千人為一旅，由鄉良人帶領。五鄉一萬人，立一元帥，一萬人為一軍，由五鄉元帥率領。如是之後，齊桓公集軍政大權於一身。這一模式，對於封建制終結之後的帝國體制，具有深遠影響。

體制建立之後，管仲的下一步舉措，便是富國，國如何富？管仲的手段是通過富民來富國。《史記・管晏列傳》說管仲治國「論卑而易行。俗之所欲，因而予之；俗之所否，因而去之。其為政也，善因禍而為福，轉敗而為功」，「知與之為取，政之寶也。」這與其「倉廩足而知禮節，衣食足而知榮辱」的思路是一以貫之的。在此因勢利導的富民思想之下，齊國一時強盛。

此時，齊桓公開始圖謀稱霸，卻被管仲阻諫。管仲的理由是：當時諸侯，強於齊者甚眾，南有荊楚，西有秦晉，然而自逞其雄，不知尊奉周王，所以不能稱霸。周王室雖已衰微，但仍是天下共主。東遷以來，諸侯不去朝拜，不知君父。若以尊王攘夷相號召，海內諸侯必然望風歸附。

如此一來，齊桓公才師出有名，先是出兵伐魯，之後北戰山戎，經歷一系列殺伐征戰，終於成就霸業。西元前六五一年，周惠王去世。齊桓公會同各諸侯國擁立太子鄭為天子，這就是周襄王。周襄王即位後，命宰孔賜齊桓公文武胙、彤弓矢、大路，以表彰其功。齊桓公召集各路諸侯大會於葵丘（今河南蘭考、民權縣境），舉行受賜典禮。受賜典禮上，宰孔請周襄王之命，因齊桓公年老德高，不必下拜受賜。齊桓公想聽從王命，管仲從旁進言道：「周王雖然謙讓，臣子卻不可不敬。」齊桓公於是答道：「天威不違顏咫尺，小白敢貪王命，而廢臣職嗎？」說罷，只見齊桓公疾走下階，再拜稽首，然後登堂受胙。眾諸侯見此，皆嘆服齊君之有禮。齊桓公又重申盟好，訂立了新盟。這就是歷史上有名的「葵丘之盟」。這是齊桓公霸業的頂峰。至此，經過近三十年的苦心經營，齊桓公在管仲的輔佐下，先後主持了三次武裝會盟，六次和平會盟；還輔助王室一次，史稱「九合諸侯，一匡天下」，齊桓公成為公認的霸主。

尊王攘夷，為齊桓公提供了殺伐征戰的合法性。朱熹論及此，說是「尊周室，攘夷狄，皆所以正天下也」。孔子的評價更為直接：「桓公九合諸侯，不以兵車，管仲之力也，如其仁，如其仁！」不過，不以兵車這話有粉飾之嫌，從來歷史的演進，都是不是溫情脈脈，相比之下，還是顧炎武所論更符合事實：「春秋之義，尊天王攘夷狄，誅亂臣賊子，皆性也，皆天道也。」

儘管儒家對於管仲的評價如此之高，也儘管管仲的一切舉措都符合禮制，但對管仲卻無須以道德家視之。否則，對於其首創娼妓制度便無法自圓其說。其富民，是為了富國，其尊王，是為了攘夷。終其一生，管仲的目標只有一個，就是襄助君主成就霸業。

周襄王鄭五年（前六四七年），周襄王的弟弟叔帶勾結戎人進攻京城，王室內亂，十分危機。齊桓公派管仲幫助襄王平息內亂。管仲完成得很好，獲得周王讚賞。周襄王為了表示尊重霸主的臣下，準備用上卿禮儀設宴為管仲慶功，但管仲沒有接受。有論者稱這是管仲謙虛謹慎，這固然不錯，但是，更重要的，是管仲知道，真正的霸主，是齊桓公。

周公開啟了禮制，令管仲無法越矩，但是管仲通過襄助齊桓公，卻開啟了中國的法治傳統，後世將他視為法家先驅，是有道理的。

商鞅：帝國的工具

春秋既沒，戰國乃始。其始，在西元前四五三年。是年，三家分晉，韓趙魏三國雛形始成，陳氏在齊，已自成格局，篡位只是時間問題，秦、楚、燕為故國，七國形勢，成於斯年。

其時，封建制日益衰落，「禮崩樂壞」，周公旦所創禮制，難以適應當時形勢，孔子一生追求「克己復禮」，竟「累累如喪家之犬」，而變法之舉，成一時趨勢。列強所採行的政治制度，皆為管仲襄助齊桓公成就霸業的集權模式。蓋因諸國新君，無不知封建制的弱點，無不知時政惡劣乃封建制演進過程中難以避免的狀態，非政治組織變更，積弊不能改，積弊不改，君無實權。君無實權，則非變法不可。魏用李悝，韓用申不害，吳起相楚，秦拜商鞅，齊有田忌，一時之間，變法竟成風氣。

而變法功效昭著者，首推秦之商鞅。

關於商鞅，傳聞不多，其事及思想集中見於《史記・商君列傳》和《商君書》。

商鞅生於衛國，本來是衛國國君姬妾的公子，姓公孫，祖先屬姬姓。商鞅年輕時，喜歡刑名法術之學，侍奉魏國國相公叔座。公叔座知其賢能，正趕上公叔座得了病，魏惠王前去看望，魏惠王問公叔座：「你的病倘有不測，國家將怎麼辦呢？」公叔座回答說：「我的中庶子公孫鞅，雖然年輕，卻有奇才，希望大王能把國政全部交給他，由他去治理。」魏惠王聽後，默默無言。當魏惠王將要離開時，公叔座摒退左右隨侍人員，說：「大王假如不任用公孫鞅，就一定要殺掉他，不要讓他走出國境。」魏王答應了他的要求就離去了。公叔座召來公孫鞅，道歉說：「剛才大王詢問能夠出任國相的人，我推薦了你。看大王的神情不會同意我的建議。我當先忠於君後考慮臣的立場，因而勸大王假如不任用公孫鞅，就該殺掉他。大王答應了我的請求。你趕快離開吧，不快走馬上就要被擒。」公孫鞅說：「大王既然不能聽您的話任用我，又怎麼能聽您的話來殺我呢？」

太史公以文學的筆調，在開篇就將商鞅的才具渲染的淋漓盡致。

春秋時代，孔子開創有教無類之說之後，貧寒子弟開始有了受教育的機會，列國諸侯，為變法圖強，競相擢用人才，連横縱和之士，莫不奔走求官。商鞅留在為國雖未魏惠王所殺，但也沒有受到重用。其時，秦國孝公當政，懸賞求士。孝公勵精圖治，尤其背景，春秋時代，秦國在穆公執掌之下，一躍而成為霸主。但是穆公之後，逐漸衰落，尤其自秦厲共公之後接連幾代不得安寧，內憂外患，魏國趁機奪取秦國的河西之地，諸侯們疏遠秦國，這在雄才大略的秦孝公看來，是奇恥大辱。但也正是這樣的「雪恥」心態，另秦國在之後的一系列變革之中，步調過急，手段過猛，雖在短期內成效卓然，但卻不能超久。我們看秦穆公的懸賞令：賓客群臣有能出奇計強秦者，吾且尊官，與之分土。

「吾且尊官，與之分土」條件優厚不優厚？優厚，但是優厚的條件也是有條件的。那就是要迅速見效。

商鞅得知了這一消息，心動了。從魏國來到秦國。先是以堯舜之道說孝公，孝公不為所動（《史記》有云：吾說公以帝道，其志不開悟矣）；再以禹、湯、文、武的治國之道說之，孝公有所心動（《史記》：吾說公以王道而未入也），最後，商鞅以春秋五霸之略說之，孝公大悅（吾說公以霸道，其意欲用之矣）。

這三個回合，可以看做商鞅和孝公之間的討價還價，可以看到，二者之間的合作，非是基於志同道合，而是利益交換，你幫我富國強兵，我「與之分土」，所以商鞅變法的舉措，不能完全按照自己的想法，而是要不斷揣摩孝公的意思。好在，兩人都是聰明人，坦誠布公之後，都能準確把握彼此的訴求。

於是，變法開始了。凡變法，無不有爭端，舊貴族代表甘龍、杜摯起來反對變法。他們認為利不百不變法，功不十不易器。「法古無過，循禮無邪。」商鞅針鋒相對地指出：「前世不同教，何古之法？帝王不相複，何禮之循？」「治世不一道，便國不法古。湯、武之王也，不循古而興；殷夏之滅也，不易禮而亡。然則反古者未必可非，循禮者未足多是也。」從而主張「當時而立法，因事而制禮」。

商鞅初到秦國，就得罪了秦國的貴族勢力，並無根基的商鞅，哪裡來的底氣？他的底氣來自秦孝公。他知道秦孝公想要什麼。此時來看《商君書》中秦孝公的話，就顯得意味深長：「今吾欲變法以治，更禮以教百姓，恐天下之議我也。」變法遭天下非議，是秦孝公預料中事，但不變，秦國無法強大，那怎麼辦？他需要一個中間地帶，或者說，他需要一個工具。商鞅就是孝公變法的工具，而且，商鞅是自己找上門來的，孝公可以和他講條件。

商鞅意氣風發，大刀闊斧開始變革，他沒有想到的是，其實他的底氣是不足恃的。

商鞅的改革措施，簡要言之：從整體上是重農抑商，不使民富；在戶籍上實行什伍連坐，開高密揭發之先河；明令軍法，獎勵軍功，廢除世襲，建立是二等軍功爵制。第一次變法初見成效之後，商鞅又開始第二次變法，要之，為：開阡陌，廢井田，土地歸為私有；廢封建，立郡縣，官自天子賞；統一度量衡；焚書，為統一思想明確法令，排除復古思想的干擾，商鞅下令焚燒《詩經》、《尚書》以及諸子百家的著作來明確法令。

這些舉措，我們都可以在《商君書》中找到思想淵源，比如：「聖人之為國也，壹賞，壹刑，壹教。」再比如：「至治，夫妻、交友不能相為棄惡蓋非，而不害於親，民人不能相為隱。」還有：「民之所欲萬，而利之所出一。」還有：「民勝其政，國弱；政勝其民，兵強……」一句話，商鞅的主體思想，是建立一個專制強權、國強民弱的政權，在這個政權裡，老百姓向上升，只有兩條同道：或農或戰。農保障了糧食供給，戰則保證了秦國的戰鬥力。秦之所以能在之後統一六國，與商鞅的改革關係密不可分。

但是，商鞅的變法，是使國強大，生活在其中的百姓乃至貴族，幾無權利，但商鞅不管，為了秦孝公，商鞅真的可以說是鞠躬盡瘁，不惜得罪天下人，其相秦十年，殺祝歡，以黥刑處罰公孫賈，令公子虔八年閉門不出。可以想見其在秦國招致了多大的怨恨。

但是，秦國強大了，歷來對於商鞅變法，都給予了極高的評價，認為秦國由弱轉強是商鞅變法所致。只有現代史家何炳棣對此提出過異議，何炳棣認為，秦國由弱轉強，可以從孝公的父親獻公算起，實際功勞應該歸功於墨家。何炳棣的論述大體無差，但結論卻值得商榷。我們看《商君書》，其中確實有大量文字與《墨子》重合，這說明商鞅變法的思想，受了墨家的影響。但，歷史的發展，不是按照思想史發展脈絡，而是以「實際發生」作為衡量標準。而秦國的強大，確實是從孝公啟用商鞅開始。

據《戰國策》記載，秦孝公想傳位於商鞅，商鞅推辭不接受：「孝公行之八年，疾且不起，欲傳商君，辭不受。孝公已死，惠王代後，蒞政有頃，商君告歸。」人說惠王曰：「大臣太重者國危，左右太親者身危。今秦婦人嬰兒皆言商君之法，莫言大王之法。是商君反為主，大王更為臣也。且夫商君，固大王仇讎也，願大王圖之。」商鞅此時才感覺不妙，求告老退休，為時晚矣。商鞅逃至邊關，晚上想住宿旅店，因未帶身分證件，店主不知道是商鞅本人，害怕新法連坐而不敢留宿。商鞅感嘆：「嗟乎，為法之敝一至此哉！」作法自斃，由此來之。之後商鞅被迫潛回封地以求自保，但被秦惠文君攻打，最後被車裂示眾，滅其全族。

一般來說，人亡政息。但商鞅死後，其新法卻未被廢除。商鞅，不過是秦朝變法圖強的工具，從一開始就註定了其悲劇的命運。在利益驅使下成為體制的工具，註定要被體制所傷，只不過，商鞅付出的代價，太大了。

李斯：回不去的時光

經過商鞅變法，秦國國勢一日強過一日。及至秦王政二十六年，也就是西元前二二一年，秦滅六國，統一天下，秦王政劃天下為三十六郡，自稱為皇帝，史稱秦始皇。這樣一個大一統格局的帝國國家的建立，在中國史上，是第一次。當時，始皇的臣下對其有如下讚譽：

> 昔者五帝地方千里，其外侯服夷服，諸侯或朝或否，天子不能制。今陛下興義兵，誅殘賊，平定天下，海內為郡縣，法令今由一統，自上古以來未嘗有，五帝所不及。（《史記・秦紀》）

這話有討好的嫌疑，但是大體不差。從上古到中古，秦朝的建立，是一個分水嶺。上古時期，氏族以血統為紐帶，族人之間，以自然感情為聯鎖。集權國家，則以權力為紐帶，國人之間，沒有自然感情為聯鎖。氏族之內，君臣有骨肉之親，主要以感化主義的德治為主，國家之內，君臣無骨肉之親，以制裁主義的法治為主。戰國時期，正是封建氏族向帝制國家的過度。

在這個過程中，起了重要作用的人物，一個是我們之前說過的商鞅，一個則是在秦以武力滅六國過程中發揮重要作用的李斯。如果說在戰國時代，商鞅尚有對封建制度的妥協，但是在帝國時代的對於封建制度則是決絕的反對。秦一統之初，群臣有請封子弟功臣，李斯立排眾議，獨言不可，他說：「周文武所封子弟同姓甚眾，然後屬相疏遠，相攻擊如仇。諸侯更相誅伐，周天子弗能禁止。今海內賴陛下神靈一統，皆為郡縣。諸子功臣以公賦稅重賞賜之，甚足，易制。天下無異意，則安寧之術也。」始皇從之，因此擱置。所以王夫之評價李斯時云：「秦政、李斯以破封建為萬世罪。」

始皇三十四年（西元前二一三），置酒咸陽，博士淳于越非郡縣而崇封建，言皇帝不封子弟功臣為枝輔，緩急無以相救，始皇下其議，李斯駁之：

> 五代不相複，三代不相襲，各以治，非其相反，時變異也。今陛下創大業，建萬世之功，固非愚儒所知。……今諸生不師今而師古，以非當世，惑黔首。……如此弗禁，則主勢將於上，黨與成乎下。……臣請史官非秦紀，皆燒之；非博士所職，天下敢有藏《詩》《書》百家語者，悉詣首尉雜燒之。有敢偶語《詩》《書》，棄市。以古非今者族。吏見知不舉者與同罪。令下三十日不燒，黥為城旦。

我們看這段奏疏，就知道李斯的思想來源及其舉措，皆與商鞅如出一轍。但不同的是，商鞅憑藉的是孝公的倚重，而李斯憑藉的卻是靠個人奮鬥積累的實力。早在秦統一六國之前，六國曾聯合對秦，正是李斯，派間諜潛入各國實行離間之計，將各國逐個擊破；其極具文采的諫逐客書，總結了秦國重用客卿、變法圖強的歷史經驗，實際上提出了不論國別、用人唯賢的總方針，秦始皇採用這一方針，「二十餘年，竟併天下」。

可以說，正是有了李斯，才有了大秦帝國的建立。而郡縣制的建立，從根本上剷除了諸侯王國分裂割據的禍根，對鞏固國家統一，促進社會發展起了極大的作用。所以，這一制度在秦以後的帝制社會裡一直沿用了近兩千年。太史公司馬遷在《李斯列傳》中，幾乎要把李斯與周公、召公相比，所據者，正是李斯所制定的政策對於後世的影響。

《李斯列傳》以文學性的筆調敘述李斯一生，文字稍嫌渲染，但是其中李斯在被趙高構陷之後所述一生功業，大體不差。其對後世影響深遠者有二：

其一曰勒定官制。我們看秦政雖然在後世備受訾議，但是秦朝的官制，卻歷千年而不改，實在是因為秦朝的官制內外相維，深得體要。在秦朝的官制中，中央政府的丞相只管行政事務，不典兵事；太尉則專掌全國軍政，不問吏事；另有御史大夫獨立於丞相太尉之外，專司言論和糾察，卻不能躬親政務，此三權分授制，集於皇帝一身，形成了中央十分堅實的控制力。

其二曰統一法度。戰國之世，適承封建的末流，各因分化的關係，真是「田疇異畝，車塗異軌，律令異法，衣冠異制，言語異聲，文字異形」。秦併天下之後，李斯奏同文字，把不與秦文合的異體悉罷不用。文字的統一，說是中華文明史上的頭等要事也不為過，正是因為有了文字的統一，才有了中華文化的延綿不絕，歷經治亂而不廢。

除此二者之外，李斯的創建並不大，但是與商鞅相比，他把法家治國的方法推到了極致。其為後人詬病的舉措，便是焚書坑儒。但他與商鞅不同者，是法家思想本來就是李斯所學所信，而非商鞅三變進言以迎合孝公。

李斯出身貧賤，認為人生恥辱莫過於卑賤，悲哀莫甚於貧窮。審時度勢投奔始皇之後，由舍人而丞相，一時風光無兩。但也因為出身貧賤，所以才會不惜以嚴刑酷法追求政績，而始皇之世，統一之初，秦朝並無管理天下的經驗，以為一味高壓便可以天下太平，卻不知暴政之下民怨日積的道理。而李斯這樣出身貧賤的技術官僚，其施政的目的，在於獲取個人一時的利益，而非長治久安，所以需要以高壓手段換取高效率。而這種高效恰為嬴政所看重，李斯和嬴政如此，商鞅和孝公也是如此。

也是因為出身貧賤，才會在緊要關頭患得患失。始皇帝駕崩之後不，與趙高合謀矯詔立胡亥，正是其患得患失的表現。胡亥上位之後，李斯為趙高所忌，後被趙設計構陷，被腰斬於咸陽。被腰斬之前，李斯才意識到市井小民生活的意義和樂趣，他拉著小兒子的手說：「吾欲與若複牽黃犬俱出上蔡東門逐狡兔，豈可得乎！」只是那時光，哪裡還可以回得去？

平心而論，李斯才華極高，其《諫逐客書》《論督責書》《言趙高書》《獄中上書》莫不文采斐然，被魯迅稱譽為「秦之文章，李斯一人而已」，其書法則「小篆入神，大篆入妙」，被稱為書法鼻祖。有才華，有情致，這似乎也是李斯之後所有技術官僚的一個共同特點，因為只有這樣，才能更好的討好皇帝，以便使自已的仕途平步青雲。只是，治國僅靠技術是不夠的，所以後來的帝國，骨子裡都是法家的精神和手段，但是卻不得不滿口仁義道德，將封建時代那層溫情脈脈的面紗推崇到至高無上的位置。

蕭何：起於草莽　終於謹慎

究竟是制度可靠還是人可靠？在已經達成共識的今天提出這樣的問題似乎有點可笑。但是凡事都有例外，從制度上講，秦制是極好的，但不及三世而亡。高祖劉邦入關，廢除苛法，但縱覽漢制，則多沿襲秦制而來，無論官制、田制、抑或兵制司法，多是如此。舉其官制為例：

秦代官制的構架是三權分治——以丞相縱覽大政，太尉掌兵馬，御史大夫司黜罰。丞相之下又設九卿。漢代的官制，大致亦如此，不過九卿之名略有更改：漢代的太常，對應秦代的奉常，掌祭祀；漢代的光祿勳，對應秦代的郎中令，掌宮殿掖門；漢代的大司農，對應秦代的治粟內史，掌錢谷；漢代的宗正，秦代也叫宗正，掌王族之事；漢代的廷尉，秦代也叫廷尉，掌刑獄；漢代的大鴻臚，對應秦代典客，掌賓客朝覲之事，漢代的太僕、少府、衛尉，都沿秦舊稱，分別掌輿服車馬、山澤租稅和門尉屯兵。

主導劉漢一朝沿襲秦制的，是蕭何。

由貧寒而登帝位，劉邦前所未有，由草莽而公卿，蕭何前所未有。

蕭何與劉邦，則結識與草莽之際，漢初開朝重臣，多是如此，樊噲為屠夫，曹參為獄掾，夏侯嬰則是車夫，周勃則是吹鼓手。之前的改朝換代，前朝帝室基本還可保有優渥的生活，但是自漢代始，之後的朝代更替，莫不以流血殺頭為代價。這和造反者起身草莽其實有很大的關係。

漢代之所以沿襲秦制，除了秦制自身優點之外，也與漢代開朝一代人多出身草莽有關，他們沒有制度建設的能力。而在三代之際，上位者多出身貴族，制定法統者，自幼接受教育，學養深厚，加上思想不受鉗制，多不肯因襲前人。所以我們考察三代的嬗替，每一代都有變化，每一代都有創新。但這種情況，在三代之後基本成為絕響，中國兩千年，無論是官制還是思想，基本上都在三代的籠罩之下。

再回到蕭何。

秦末之際，群雄並起，西元前二〇六年十月，劉邦破咸陽，秦都宮殿巍峨，街市繁華，出身草莽的將士們何曾見過這等場面，紛紛乘亂搶掠金銀財物，連劉邦也忍不住，神魂顛倒地擁著美女走進胡亥的寢宮，往龍床上一躺，便進入了溫柔鄉。

唯獨蕭何，一不貪戀金銀財物，二不迷戀美女，卻急如星火地趕往秦丞相御史府，並派士兵迅速包圍丞相御史府不准任何人出入。然後將秦朝有關國家戶籍、地形、法令等圖書檔案一一進行清查，分門別類，登記造冊，統統收藏起來，留待日後查用。劉漢一朝的制度，由此而來。之後蕭何在劉邦做漢王時薦韓信，在漢王征伐天下是坐鎮關中，為劉邦立下累累功勞。

西元前二〇二年，劉邦登帝位，漢代開國。論功行賞，群臣相議，眾說不一，劉邦則不顧爭議，以蕭何為第一。

蕭何功勞當然大，但是要真是以為劉邦排蕭何第一完全是論功行賞，則只是看到了歷史的表面。蕭何功局第一，不僅僅靠的是其功勞，還有他對劉邦的忠心。劉邦出身草莽，一路殺伐征戰得取天下，靠的是什麼？靠的是其過人的識人本領，正如他自己說的：「夫運籌策帷帳之中，決勝於千里之外，吾不如子房。鎮國家，撫百姓，給餽饟，不絕糧道，吾不如蕭何。連百萬之軍，戰必勝，攻必取，吾不如韓信。此三者，皆人傑也，吾能用之，此吾所以取天下也。」

那麼劉邦怕什麼？劉邦沒說，但是他向群臣的問話暴露了他內心的擔憂。他可以從一介草莽而登九鼎，他的那些臣下，自然也有這種可能。第一個讓劉邦不放心的，就是在各地的異姓王。異姓王都有兵將，有的還有三心二意。第二個問題就是其他將領，為功勞大小和賞賜的多少爭鬥不止，如果安撫不當，就會投奔那些異姓王作亂。還有原先六國的後代也不能掉以輕心。在中央，丞相的權力對他這個皇帝也構成了威脅。劉邦從做了皇帝，到最後病死，中間有八年時間，基本上都用在了解決這些讓他不放心的問題。這種擔憂在劉漢一朝得到了很好的遺傳，漢代的皇帝，猜忌心都很重，所以漢代的丞相大多都沒什麼作為，最極端的就是蕭何的繼任者曹參，舉事無所變更，日夜飲醇酒。惠帝怪他不治事，所以才有了下面的對話：

參免冠謝曰：「陛下自察聖武孰與高帝？」上曰：「朕乃安敢望先帝乎！」曰：「陛下觀臣能孰與蕭何賢？」上曰：「君似不及也。」參曰：「陛下言之是也。且高帝與蕭何定天下，法令既明，今陛下垂拱，參等守職，遵而勿失，不亦可乎？」惠帝曰：「善，君休矣！」

曹參為什麼不治事，不是他對蕭何佩服的五體投地，而是他深知自己也活在猜忌當中。作為劉邦一朝的老臣，在小天子面前，不做事，比做事要安全的多。這就是漢朝丞相的狀態，做事不行，不做事也不行，好在曹參答得巧妙得體。

劉邦得帝位之後，蕭何的狀態也是如此。我們看史記中的一段記載：

漢十二年秋，黥布反，上自將擊之，數使使問相國何為。相國為上在軍，乃拊循勉力百姓，悉以所有佐軍，如陳豨時。客有說相國曰：「君滅族不久矣。夫君位為相國，功第一，可複加哉？然君初入關中，得百姓心，十餘年矣，皆附君，常複孳孳得民和。上所為數問君者，畏君傾動關中。今君胡不多買田地，賤貰貸以自汙？上心乃安。」於是相國從其計，上乃大說。

上罷布軍歸，民道遮行上書，言相國賤強買民田宅數千萬。上至，相國謁。上笑曰：

「夫相國乃利民！」民所上書皆以與相國，曰：「君自謝民。」相國因為民請曰：「長安地狹，上林中多空地，願令民得入田，毋收稿為禽獸食。」上大怒曰：「相國多受賈人財物，乃為請吾苑！」乃下相國廷尉，械系之。

劉邦為什麼在天下初定時排蕭何第一？是在向群臣示意，天下是劉家天下。劉邦為什麼在蕭何自汙時不罰且笑，而在蕭何為民請利時大怒？也是在向蕭何示意，天下是劉家天下。

《史記》當中，還有一個細節，耐人尋味。劉邦彌留之際，呂後問相：

「陛下百歲後，蕭相國即死，令誰代之？」上曰：「曹參可。」問其次，上曰：「王陵可。然陵少戇，陳平可以助之。陳平智有餘，然難以獨任。周勃重厚少文，然安劉氏者必勃也，可令為太尉。」呂後複問其次，上曰：「此後亦非而所知也。」

前賢論及此，都說是高祖深謀遠略，這當然不假，但是碰到這樣一個深謀遠略的皇帝，做丞相的，就只好無為而治了。自帝制開啟，治國者的治國策略，多是外尊儒術，內用玄黃，劉邦是這一傳統的開創者。在這種體制下，個人的創造力被壓制，成為家天下的私奴。雖經朝代更替，但無論政治制度還是學術思想，卻一直在先秦的籠罩之下難以突破。

還原「鴻門宴」的羅生門

一九一二年，清帝宣佈退位，按照事先約定，孫中山辭去臨時大總統，由袁世凱繼任，同時孫中山提出三個條件，其中之一是袁世凱必須到南京就任。

對袁世凱而言，去，意味著離開自己經營多年的大本營，置身於無兵可調、無將可遣的境地，不去，則失去了對革命黨的誠意，落人以口實。

去，還是不去，在袁世凱的陣營引發了一場爭議。

兩千多年前，同樣的選擇，擺在劉邦面前，這就是大家耳熟能詳的鴻門宴。

在這場歷史上最著名的飯局中，項羽面對的是殺還是不殺，劉邦面對的是去還是不去，項伯面對的是告還是不告，張良面對的則是走還是留，而「亞父」范增，則註定沒有退路。

放走劉邦，項羽錯了嗎？

秦朝末年，項羽和劉邦共立楚國王室的後人熊心為楚懷王反秦，相約先入關中者為王。劉邦先至，當時，項羽駐軍鴻門（現陝西省臨潼縣），劉邦的手下曹無傷對項羽說劉邦有稱王之心，項羽的謀士范增借機建議項羽除掉劉邦，但由於項羽的叔叔從中斡旋，項羽宴劉邦於鴻門，范增本想乘機擊殺劉邦，最終卻讓劉邦逃之夭夭，成就漢家天下。

這段故事，經由司馬遷的生花妙筆，婦孺皆知。

後人常常據此認為項羽錯失良機，贊之者稱其為丈夫義舉，貶之者則認為是婦人之仁，且不聽范增之言，剛愎自用。

其實，項羽的選擇，與這些評價沒有任何關係，而是權衡的結果。

正是因為項羽在鴻門宴上放走了劉邦，才奠定了日後分封諸侯的基礎，也才有了「西楚霸王」的前提。

我們看項羽第一次見到秦始皇時說的話：「比可取而代之也！」

這說明什麼？說明項羽早有謀取天下之意。西元前二〇九年，陳勝吳廣起義，當時的會稽太守殷通對項羽的叔叔項梁說：「江西人全都造反，這是上天要亡秦的時刻，我聽說先發制人，後發為人所制，我準備發兵，想要用你和桓楚為將。」在項梁的授意之下，項羽將殷通殺死，又連殺殷通手下近一百人，一口氣收服吳中郡下各縣。

此時的項羽，哪裡有一點婦人之仁？

立熊心為王，是范增的建議，完全是出於政治上的需要，對此，熊心這個名義上的楚懷王，心裡雖然不甘，但是心知肚明。在項梁未被章邯擊殺之前，自號武信君的項梁，才是實際上的掌控者。

項梁死後，項羽並未把楚懷王熊心放在眼裡，但是在這是，起義的各路諸侯，都已經聚在楚懷王的大旗之下。在名義上，項羽得聽楚懷王的。

攻秦的路線，是楚懷王安排的：當時抗秦義軍轉戰於江蘇安徽一帶，若想先入關，自東向西走直線才是捷徑，但對項羽向西出兵的強烈要求，楚懷王不予理睬，直接將其支向了北方。向北進軍，抗秦救趙。不僅如此，被派向北路軍的項羽，其職務僅僅是次將，需要受主將宋義的節制。當時，秦朝的主力都佈置在北邊，向北走，困難重重。

換句話說，在向北走的這一路線上，會遭遇抗秦過程中所有的硬仗，這些仗，都是要項羽來打的。不過，要是這一支軍隊先入關中，「為王」者是誰？宋義，因為他才是主將。

項羽做大，不是楚懷王想要看到的結果。

再看劉邦。

楚懷王派遣劉邦率軍直接向西進發。本來走的就是直線，在北邊，又有項羽在牽制著秦軍主力。項羽和秦軍的戰鬥越激烈，劉邦西進的道路將越平坦，進入關中的進度自然也會越快。劉邦平時給人的印象，是素無大志，得個王，也沒有什麼大不了。

項羽是怎麼做的呢？他殺了宋義，只有殺了宋義，他才能在先入關中後為王。他也知道，那個名義上的楚懷王，對他鞭長莫及，無可奈何，罷免是不可能的，罷免了項羽，那麼多的硬仗，誰去打？

就這樣，項羽一路殺向咸陽。

終於，項羽和劉邦在關中相遇了。此時，劉邦入關中，已經兩個月。

我們看項羽聽到曹無傷的話之後的第一反應，是「大怒」，還沒有等范增建議，就決定「旦日饗士卒，為擊破沛公軍！」也就是說，攻打劉邦，是項羽的反應，並不是范增的建議。

要注意，項羽話那個「饗」字。為什麼要「饗」？這支軍隊一路硬仗打過來，於天寒地凍時與秦兵九次大戰，退章邯，斬蘇角，擒王離，逼死涉間。項羽知道，他的四十萬大軍，累了。況且，他殺宋義，打的是楚懷王的名義。諸侯將領跟隨他，一半是因為畏懼而屈服，一半還是因為那個名義上的楚懷王。而劉邦的十萬大軍，全部是嫡系部隊。

所以要「旦日饗士卒」，這就是拿利益換取了。在項羽在與秦軍對戰之時，該戰時戰，該和時和，哪裡是有勇無謀？

項羽不能殺劉邦，一個更重要的原因是，殺劉邦，師出無名，而且會讓起義的各路諸侯唇亡齒寒，讓自己成為眾矢之的。

所以，項伯在旁邊一勸，本來就沒有拿定主意的項羽就放棄了既定想法。

鴻門宴上，劉邦的示弱，終於讓項羽想清楚了，放走劉邦，更符合自己的利益，才可以得「王」關中，此時，他當然不再理會范增的暗示。

「王」關中之後，「徵得」了楚懷王的「同意」，項羽自立為「西楚霸王」，分封十八路諸王。「彼可取而代之也」終於成為了現實。此時已經成為「義帝」的楚懷王熊心再無用處，項羽將其遷於長沙郴縣，於途中暗中殺害。

如果不是從項羽的最終結果來推導，實在看不出鴻門宴導致了其滅亡，相反，沒有鴻門宴上放走劉邦，西楚霸王的霸業就無法實現。

劉邦赴鴻門宴的最大底牌

秦始皇出巡的場面，劉邦也見過，他說了一句：「大丈夫當如是也。」

這句話特別值得琢磨。項羽的話，要是被人聽到，結果只有一個：殺頭。所以項梁才捂住他的嘴巴。但劉邦這句話，就不怕人聽到。哪怕是秦始皇聽到，劉邦還可以把這句話解釋為對秦始皇的讚美。

劉邦說話，無時無刻不給自己留後路，哪怕是沒人注意的時候。鴻門宴沒有導致項羽的覆亡，但確實奠定了劉邦得天下的基礎。

項羽的狀況，劉邦並不知情，劉邦知道的是，「項羽為人慓悍滑賊，諸所過無不殘滅」（楚國老將對項羽的評價），還有四十萬大軍，駐紮在鴻門，而自己，只有十萬兵馬。所以劉邦聽到張良轉告項伯的消息時，先是「大驚」，後是「黯然」，因為他知道，自己打不過項羽。

張良替他出主意：向項羽示弱，說明自己沒有稱王之心。

這時劉邦的第一反應，是問張良和項伯的關係。這說明在那種狀況下，劉邦是慌而不亂的，他要判斷，在他和項羽之間做中間人，項伯是不是一個合適的人選。得知張良和項伯是過命的交情之後，劉邦的反應是和項伯結為兒女親家，這樣就完成了他和項伯的結盟。

完成結盟之後，劉邦才接受了項伯的建議，第二天一早赴鴻門向項羽請罪。這時，他已經有了赴鴻門的第一張底牌，這張底牌，就是項伯。就算在鴻門項羽發難，以項伯的身分，至少可以替劉邦略做抵擋。

第二天，劉邦可不是單刀赴會，《史記》裡說，「沛公旦日從百餘騎來見項王」，這「百餘騎」都有誰，司馬遷沒說，但我們知道其中有樊噲。樊噲是誰？壯士也！

這時我們就可以明瞭，劉邦去鴻門，是做了充分準備的。帶樊噲隨行，就是為了確保萬一。樊噲是劉邦的班底，其忠誠度是毋庸置疑的。這是劉邦去鴻門的第二張底牌。

有了這兩張底牌夠不夠？

從微觀的劉項雙方局勢來看，劉邦能做的也只有這麼多。

其實不然，從更大的一個局勢，也就是抗秦義軍這個層面來看，劉邦赴鴻門，將功勞和稱王的資格拱手讓與項羽，就是佔據了道德制高點。一旦項羽不顧一切還是要置劉邦於死地，劉邦帶領自己的十萬人馬與項羽火拼之時，諸侯必然抱著擔心自己被兼併的心態作壁上觀，而不是加入項羽的戰團。

劉邦有沒有稱王之心？肯定有。但劉邦出身寒微，不像項羽天生貴胄，一開始，兩個人就不在一個起跑線上。於是有了斬白蛇自命赤帝之子的傳說，這樣的故事，想必劉邦自己也是不相信的，但是在當時的社會，這樣的傳說，對於人心有極大的暗示作用。可以判斷，這個傳說，是劉邦做亭長時，跟隨他一起逃跑的那十餘個人炮製出來的，目的就是給出身低微的劉邦按上光環，收服人心。

再看劉邦的起家之路和他西行抗秦時的表現：劉邦起兵於沛縣，人馬雖然沒有多少，但蕭何、曹參、樊噲都是他的鐵杆嫡系，這個班底，一開始就有超級強的穩定性。

之後的大小征戰，劉邦注重的不是攻城掠地，而是班底的增容：殺沛縣縣令，得兵萬人；泗水之戰，得周苛、周昌；投奔項梁，得軍五千，五大夫將十人。奉懷王之命西出征秦，劉邦的戰略也是如此，張良和酈食其都是在西征途中加入的劉邦陣營。等到入了關中，劉邦的人馬已經擴充到了十萬。

有約在先，入了關中的劉邦稱王是理所當然，但聽從了張良的建議，劉邦退軍灞上。

這一退，不僅是退給項羽看，也是退給楚懷王看，更是退給起兵抗秦的各路諸侯看。劉邦稱王，楚懷王和各路諸侯不會有意見，但不稱王，更能贏得楚懷王和各路諸侯的好感。

這才是劉邦赴鴻門的最大底牌。

鴻門宴之前的約法三章，讓劉邦盡得民心；鴻門宴之後，劉邦發現了張良的才幹並加以重用，漢中三傑劉邦已得其二。

天下，已經在向劉邦招手。

項伯真的是叛徒嗎？

鴻門宴中有兩個人，一直被視為叛徒。

一個是曹無傷，在鴻門宴中出現了兩次半。一次出現在開頭，向項羽告發劉邦，一次出現在結尾，劉邦從鴻門還，「立誅殺曹無傷」。半次是在鴻門宴中被項羽提及，告知劉邦告密者是曹無傷。

毫無疑問，曹無傷是叛徒，看項羽所向披靡，想改換門庭，得一個更好的前途。

但說項伯是叛徒，就讓人疑竇叢生。

說項伯出於對范增地位的嫉妒而背叛項羽，屬於一廂情願的猜測，我們看在鴻門宴中的座次：「項王、項伯東向坐；亞父南向坐—亞父者，范增也；沛公北向坐，張良西向侍。」古人以東向坐為尊，項伯的座次不僅在范增之上，而且是項羽平坐，這說明項伯在項羽陣營中地位並不低，項羽對於這個叔叔，也是尊敬有加。

說項伯出於對張良的感恩之情，將消息告訴張良，從邏輯上也難以講通。秦滅以後，劉邦與項羽各自的勢力不斷發展，此時的劉邦，已與項羽形成對立之勢。當朋友之誼、政治利害、親情利害相衝突時，項伯選擇朋友之誼，不妥。況且，項伯可以找出多個藉口讓張良離開霸上，未必非要將軍機洩露給對方。

我們能想到的，項伯未必想不到。

再從人情上說，項伯是項羽的親叔叔，他沒有理由背叛自己的親侄子。

從結果上講，項羽多疑，曾因懷疑秦朝降卒不可靠而坑之，以項伯在鴻門宴上的表現，如果項羽懷疑項伯，鴻門宴之後，項伯在項羽陣營必然無法容身，但項伯安然無恙。

唯一可以解釋的是，項羽認同項伯的看法，對項伯並無懷疑，我們看鴻門宴之前項伯對項羽說的話：「今人有大功而擊之，不義也。」這句話，才是項伯選擇向張良透露消息的關鍵。

當時的形勢，在前文已有分析，項伯是項羽的叔叔，他的經驗比項羽老到，項羽在衝動之下擊殺劉邦之後會怎樣？楚懷王雖然是個名義上的王，但在政治正確的前提下，依然可以號召起義諸侯剿滅項羽，在那種情況下，擔心被項羽兼併的起義諸侯會做什麼樣的選擇可想而知。

老到的項伯，一眼就看到這背後的巨大政治風險。

要消弭這場巨大的政治風險，對於自己那個吃軟不吃硬的侄子來說，劉邦主動前來認罪無疑是個好辦法。要讓劉邦主動認罪，就要讓他知道自己面對的危機。

那麼，項伯自己跑過去告訴劉邦行不行？肯定不行，劉邦能有今天，也不是憑空得來的，項伯跑過去一說就相信，那還是劉邦嗎？於是項伯想到了張良，張良和自己有過命的交情，劉邦又信得過。

果然，劉邦將稱王資格拱手相讓。這叫什麼？不戰而屈人之兵。

鴻門宴上，項伯拼全力保護劉邦，因為他知道，保住劉邦，就是保住了項羽，保住了項羽，才有可能有項家天下。

在鴻門宴之中，項伯是唯一站在大局的角度思考問題的人，正因為如此，他也才是這一事件中的真正主角。沒有項伯，就不會有鴻門宴。

回過頭來再看項伯的這場安排，消弭了惡戰，解救了劉邦，還讓老朋友張良在劉邦陣營裡脫穎而出。所有的人不樂於看到這樣的結果，除了范增。

楚漢相爭之後，項氏家族得以豁免，項伯還被封侯，不得不說，這是項伯在鴻門宴上種下的種子。

《晉書》說項伯「背君違親，前史美其先覺」。話雖委婉，但不符合事實，項伯不是先覺，也沒有背君違親，他只是在當時的局勢中，看得別人更全面。

鴻門宴是張良的一次機會

得天下之後，在洛陽南宮舉行的慶功宴上，劉邦問群臣，自己何以得天下，項羽何以失天下。後來劉邦自己說出了答案：

> 夫運籌策帷帳之中，決勝於千里之外，吾不如子房。鎮國家，撫百姓，給饋餉，不絕糧道，吾不如蕭何。連百萬之軍，戰必勝，攻必取，吾不如韓信。此三者，皆人傑也，吾能用之，此吾所以取天下也。

劉邦把自己得天下的原因歸結為知人善任，而在他心目中，最重要的人有三個，張良為首。但是在鴻門宴之前，在劉邦的班底中，張良一直是個邊緣人物。

他第一次投靠劉邦，劉邦給他的職位是「廝將」。廝將的職責，是管理馬匹。這個職位，顯然不符合以博浪錐擊殺秦始皇的韓國貴族張良。

後來劉邦投靠項梁，張良歸韓。後來劉邦奉楚懷王之命西出征秦，再遇張良，「張良為韓王送沛公」，但即使是後加入的酈食其，在劉邦的陣營裡，說話也比張良有地位。

當項伯把項羽要攻打劉邦的消息告訴張良，擺在張良面前的有兩個選擇：獨自離去，或者留下來和劉邦共度危機。

張良其實沒有什麼理由留下來，劉邦待他，不過如此。

可是我們看史書，對張良的評價，幾乎眾口一詞：有謀略，有膽識。這樣的人，做選擇總是和別人會有些不一樣。

沒有一個聰明人會用自己的生命去驗證自己的智慧，也沒有一個聰明人會放棄看得見的機會。面對老朋友項伯，張良看到了屬於自己的機會。

我們看張良聽了向劉邦轉告項伯的話之後問劉邦的兩句話：

「誰為大王為此計者？」

「料大王卒足以當項王乎？」

如果劉邦說主意是自己定的，或者劉邦說拿下項羽不在話下，那麼，作為劉邦陣營的一個週邊人，張良必然是獨自離去。

但劉邦的第一句話說是小人的主意，等於是委婉地承認了自己的錯誤，第二句話是說自己的實力和項羽相去甚遠，第三句話，就是在問張良：怎麼辦？

這是張良第二次看到了自己的機會。

他決定留下來，並把項伯介紹給劉邦。張良不知道老朋友項伯的真實想法，但是他知道，有這位老朋友在，劉邦去鴻門赴宴，一定是有驚無險，一是張良和項伯有過命的交情，二是老朋友既然肯來報信，就說明，至少，在項伯那裡，還不願意看到劉項大軍起衝突。唯一值得擔憂的，是范增。

到了鴻門落座，張良的心裡就更踏實，因為從座次中他已經看出：在項羽的陣營裡，范增的地位不如項伯。

最能體驗張良膽識的是，是劉邦走後，張良獨自留下善後，要知道，他面對的不僅是項羽和項伯，還有范增。

范增會不會一怒之下殺了自己，這是個未知數。

但是無人善後，就會讓項羽陣營心生猜忌，落人口實。

張良自己留下來，必然經過一番權衡。權衡之後，他認為范增必然不會殺他：范增的目標是劉邦，劉邦走了之後，范增已經失去了目標，而自己不過是劉邦麾下的一個不起眼的謀士。其次，退一步說，即使范增起了殺心，他還有項伯，項伯能在項莊舞劍時保護劉邦，就更能保護自己。

也正是有了這個選擇，才能讓自己在劉邦心裡樹立起運籌帷幄的形象，歷史的結果告訴我們，張良的這個決策又做對了。自此之後，張良成為劉邦陣營中的核心人物之一。

順便說句題外話，張良之所以能在瞬間做出這樣的決定，有個前提，就是：「項伯殺人，臣活之。」張良不是先知，從來沒有想到之前對項伯的救命之恩會有回報，但是一個帶著善意幫助別人的人，運氣總是不會太差。

范增：一個沒有退路的人

項伯和張良都是聰明人，范增也是，不同的是，項伯和張良於聰明之外，還有智慧。這其中的區別，就是考慮他人的存在並設身處地考慮他人的處境。

但是聰明人不會，聰明人太相信自己，很少考慮別人。范增就是這樣的人。

我們看范增在鴻門宴上的表現：

劉邦的「封府庫、籍吏民、約法三章、駐守關隘」一系列動作，可以說，雖然表現出一副「以待大王」的模樣，但何嘗不是視關中為己物的表現？曹無傷告密，范增一語中的「此其志不在小」，足可顯示出作為謀臣的眼光，建議殺劉邦，不算錯。

但是，如果他能看到項羽不能殺劉邦的理由，就不會在鴻門宴上數次示意項羽出手，而是做另外安排。

有些事，君王做不得，但是臣子做的。三國時期，魯肅對孫權說：「臣能降魏，主公不能降魏。」同樣的道理，作為主帥的項羽不能殺劉邦，但作為項羽「亞父」的范增，何以殺不得？范增不是殺不得，而是沒有搞清楚自己的身分。他以為，他「與謀」的前提是：我說話，你要聽，而且是必須聽。之前他建議項梁擁立懷王，就是這樣。有了這樣的心態，他當然不會想到，鴻門宴上的項羽，心理已經發生變化。

范增發現這一點時，已經沒有重新安排的時間，於是他出去找了項莊。

再看他召集項莊時說的話：

「君王為人不忍。若入前為壽，壽畢，請以劍舞，因擊沛公於坐，殺之。不者，若屬皆且為所虜！」

什麼叫君王為人不忍？這幾乎就是當著項羽的另一個部下說項羽不行。項羽殺宋義，打的還是楚懷王的旗號，但范增則是直截了當的發號施令，以范增在項羽陣營的地位，直接發號施令也沒有關係，但有什麼必要把自己和項羽的分歧告訴項莊呢？

項莊是個老實人，誰也不得罪，范增讓他舞劍，他就去舞劍了，但是，他會盡全力殺劉邦嗎？尤其是項伯起身抵擋之後，其實項營裡的人都知道，項伯的地位是高於范增的。

在此時，范增本來還是有機會的。儘管項莊不盡全力，但至少他可以牽制住劉邦，范增可以在這段時間裡再調人手。可是劉邦竟然跑了，就在范增的眼皮底下。

這時面對張良奉上的厚禮，范增的態度是：

亞父受玉鬥，置之地，拔劍撞而破之，曰：「唉！豎子不足與謀！奪項王天下者，必沛公也！吾屬今為之虜矣！」

既不給張良面子，也不給項羽面子，還是當著張良的面。

項羽對范增這個「亞父」的信任，也許從此時就已經埋下了。一千多年後，乾隆讀史，讀到陳平使用反間計挑撥項羽和范增，大笑：「陳平此計，乃欺三尺童，未可保其必信者，史以為奇，而世傳之可發一笑！」項羽是三尺童子嗎？當然不是，借此發揮對范增剛愎自用的不滿也許才是正解。這固然是項羽沒有足夠的容人之量，但也是范增擺不正自己的位置有關。

鴻門宴之後的歷史，正好驗證了范增的預言，這個本來有機會做主角的人，卻把這個位置拱手讓給了張良。

關於范增的爭論很多，越往後，就越趨於負面，三國之前，人們多認為范增「有奇謀」，但在三國之後，大致只有蘇軾一個人為范增說過好話。

范增的失誤，在於他太聰明，聰明到不考慮別人，也不給自己留後路。

楊銳：先遇擢升，後遭殺頭

幾年前曾經有個想法，寫一寫歷史上那些面目模糊的人物，這些面目模糊的人物都有一個共同點，一是資料奇少，在正史中被提及時往往只有數語，第二是往往是某些關鍵歷史事件的關鍵人物。當時寫了兩篇，一篇是《隆裕太后：為大清謝幕》，還有一篇，就是戊戌六君子之一的楊銳。清史稿中提到這兩個人，都不足五十個字。

在被唐德剛先生稱為「變不了法，改不了制的一百天中」的戊戌變法中，各種關係錯綜複雜，各派人物各顯神通，除了被其弟子渲染為聖人的康南海老人家，光緒皇帝以及慈禧老佛爺都有眾多研究者不厭其煩地加以鉤沉，還有一位在變法之初先被擢升，後被砍頭，並在具體執行中起了重要作用的人物，僅僅被列為戊戌六君子之一，讓人們還記得他的名字，其人其事，則為湮沒在無情的歷史之中，這個人，就是楊銳。

西元一八九八年，舊曆歲在戊戌，延綿了二六五年的大清帝國即將走到了它的盡頭，剛剛發生不久的甲午海戰，更是給了這個老大帝國重重的一擊，更近的憂患則在於中國在外交戰線上再次發生了深刻的危機。

那個時候，年輕的皇帝光緒在龍椅上已經坐了二十四年，但是真正親政，不過十年之久，一心一意想做出點事情。康有為在這個時候恰如其當的出現了，他通過當時能夠時常與皇帝接觸帝師翁同龢致書年輕的皇帝：「變法圖強的時候到了！」

雖說是親政，但是涉及重大決策的時候，這位年輕的皇帝還是要和他的伯母兼姨母，然而他卻要口稱「親爸爸」的慈禧老佛爺商量。看了康有為的上書，年輕的皇帝熱血沸騰，決定不再沉默，他透過當時身為軍機大臣的族叔慶親王奕劻向慈禧老佛爺說，寧可不當這個鳥皇帝，也不願做亡國之君。

其實這時候，執掌大權的老佛爺也正在為當時的局勢著急上火，心想這孩子忒不懂事，要不是你無能，我早該在頤和園看看戲聽聽書的安享晚年了，還用我在這裡操心！現在這個時候，家還要我當，皇帝你做不做，那也無關緊要。但是茲事體大，加上老佛爺希望能通過變法，將搖搖欲墜的大清帝國重新煥發青春，於是按下心頭怒火，給了「兒皇帝」一次機會，心想，只要不出我的手掌心，任你去辦，等你變不出花樣我再來唯你是問。因為涉及千年帝國的轉型，這次史稱「戊戌變法」的改革運動，備受後來史家青睞。這次變法，開始於戊戌年陰曆四月二十三日（西曆六月十一日），一共持續一〇三天。

楊銳這個名字，在費正清主編的劍橋中國晚清史中，同另外三個人（林旭、劉光第和譚嗣同）被稱為年輕學者一筆帶過，在清史稿中，楊銳位居列傳二百五十一，與李端棻、徐致靖、子仁鑄、陳寶箴、黃遵憲、曾鉌等人合傳，對於他的介紹也只有寥寥數語。他是何出身，清史稿中也無交待，只是說他是四川綿竹人，年少時俊慧，在張之洞創辦的尊經書院念四書五經，年紀最小卻常得第一，被張之洞看中，招入幕府。楊銳在張之洞的幕府中具體做了什麼事情，現在知之甚少，但是所作所為卻深得張之洞心意，後來張之洞督兩廣，楊銳也一起跟了過去。光緒十一年，順天府鄉試，楊銳考取了一個內閣中書的小官。這個官不但小，而且不管事，所從事的事務不過是撰擬，記載、翻譯、繕寫等雜務，相當於現在的祕書。

不過他跟張之洞的那段淵源，在變法之時為其身介變法要職起了關鍵性的作用。而當祕書的經歷又讓他在變法過程中處理各項事務的時候，有別於只知道理而不明政局的康、梁，甚至有別於跟他一同共事的譚嗣同，當然還有一點就是，他也沒有譚嗣同的背景：譚嗣同的老爹，正是當時的湖北巡撫譚繼洵，用現在的話說，根正苗紅，說話自然氣粗。

不過，恰恰是楊銳這樣的背景，讓光緒格外器重。光緒帝雖然年輕，但是畢竟身居宮中，耳濡目染，也多少曉得一些政治規則。據茅海建先生在《戊戌變法史事考》中的分析，當時的光緒帝並非一點獨立操作的權力也沒有，但是按照事情的輕重緩急，分事先和事後兩種方式向他的「親爸爸」老佛爺彙報。加上光緒這個皇帝不是正跟兒，說話自然就氣短三分。雖然一時間能說出不做亡國皇帝這種志氣話，但是做任何決定還是必須先考慮老佛爺的感受。

能夠證明楊銳被光緒器重的重要證據就是楊銳介身變法漩渦之後，光緒皇帝下給楊銳的密詔。戊戌變法的一個重要舉措，就打破以前上書的限制。在此之前，年輕一輩具有直接上書給皇帝的官員極少，而具有上奏權的官員知道其中利害，對於上奏一事也極為慎重，也就是說，皇帝雖然每天坐班，但是就批公文這件事來說，工作量並不大。當光緒皇帝這一改，那些沒有上過奏，有滿懷愛國熱情的士子和從來沒有上達天聽的小官員們，在經過觀望之後，熱情一下子高漲起來。當時有六位禮部堂官因為阻撓該部主事王照上書，後來王照的上書以及彈劾禮部六堂官摺子被遞到到光緒皇帝手上的時候，光緒龍顏大怒，不顧老佛爺的感受竟然把六堂官全部罷免，這件事發生在舊曆七月十九日（西曆九月一四日），直接引發了楊銳等人的擢升。因為如此一來，上書數量大增，光緒帝一時難以應付。所以在第二天，也就是七月二十日，光緒皇帝發出上諭，讓當時是候補侍讀的楊銳等四人在軍機章京上行走，「參與新政事宜」，並賞四品卿銜。其具體工作，就幫助光緒皇帝閱看大小官員以及士子們的上書。當時就連康梁在都，都搞不清楚這個「參與新政」到底是在幹嘛，但是這「參與新政」的四個年輕人，卻一下子轟動朝野。著名史學家陳寅恪的爺爺，當時擔任湖南巡撫的陳寶箴，還在上奏時，小心翼翼地把這四位年輕原屬後生的作用使勁往大裡誇，生怕說的不對付。

不過也確實如此，按照唐德剛先生的分析，當時楊銳等人的官職雖然是四品，但實際上也已經架空了位置在他們之上的官員，四個年輕人已經實權在握，實際上也已經身居相位了。唐德剛先生的說法有誇大之處，當時連身為皇帝的光緒都要看慈禧老佛爺的臉色行事，四個年輕人的作用，實際上也並沒有唐先生說的那麼大。不過看的出，當時做皇帝的光緒是降格以求，把這個四個臣子當作「自己人」來看，頗為倚重的，尤其是楊銳。這也為後來變法失敗之後楊銳等人被殺頭埋下了伏筆。

十九日的事情發生後不久，光緒察看老佛爺的臉色，感覺不對勁，在七月三十日（西曆九月一五日）給楊銳下了一個密詔，密詔說：近來我琢磨太后老佛爺的意思，她好像不想徹底改革，也不想把那幫昏庸無能的老頭子罷官兒，而讓康有為等人議政，在她看來也是盡失人心。比方說十九日那件事吧，老佛爺就覺得太重了。……現在我這個做皇帝的，如果下旨徹底改革，把那幫昏庸無能的老頭子們全部罷免，實在是沒有實力。而且那樣做的話，我這個皇帝也做不成了。楊愛卿，我問問你，你有沒有什麼好辦法？

楊銳如何對答的，現在不得而知。但是在楊銳當事所寫的家信中，可以看出楊銳的態度是比較持重的，對於當時主張激進變法的康梁、以及跟他一同共事的譚嗣同來說，在戊戌變法中，主張慢慢著手（「變法緩行」）的楊銳屬於右翼人物。比如他在給家人的信中說到：自從我二十日奉了皇帝的命令，跟劉光第、林旭、譚嗣同三個人同在軍機當官兒，第二天入職，皇上對我們幾個說到現在時局艱危，既然讓你們參與新政，你們凡有所見，就應該據實稟報，讓軍機大臣遞給我看。千萬不能有所顧忌和欺騙。皇上這樣說，真讓我誠惶誠恐。現在事情極其繁重，我和他們幾個人又不好相處。我們四個人，輪流值班，劉和譚一班，他倆都是康有為的忠實粉絲。我和林一班，但是林這個人，凡事都想取巧，我強行糾正了他好多次，長此以往，我跟他恐怕不能相處。

有意思的是，對於當時紛至遝來的上書，劉銳還給後人留下了他的看法。在這一點上，他無疑是最有資格的人。楊銳怎麼看當時的那些上書呢，他在寫給家人的私信中說：現在好多好事之徒，天天上書談論儀征院的好處，說得皇上有幾分心動，現在康、梁又沒有安置，過不了多久朝中的局勢恐怕就是要發生變化了。現在每天上書的人，都爭著說新法的好處，實際上大多數人都是在揣摩著皇上的心思說話，甚至為了討好皇上說些根本無法做到的廢話。我現在只是遇事補救，對於這樣的上書稍微制抑了一下，其他幾位已經很有意見了。現在我在這裡才幾天，長久下去，我跟他們還怎麼相處。這個地方，看來不是我久留之地，我還是找個時機抽身而退算了。

從楊銳這些信上大致可以看出，相對於其他維新人士，他是個比較清醒、比較穩重的人。在官場混跡多年的經驗告訴他，維新派的勢力相對於守舊派還十分弱小，絕不能操之過急，因而主張韜光養晦，不能急進。在實行新政期間，遇到阻礙時也比較講就策略，有時寧可對頑固派妥協。對比較激進的新政和估計到過分侵犯到頑固派、洋務派利益時，也稍加裁抑，以維護大局。如果沒有這樣的人物從中斡旋，僅憑當時激進的維新份子，那場改革能否持續一百天，還真是個問題。

但是沒有等楊銳來的及抽身而退，激進的維新派終於超出了慈禧老佛爺的忍耐限度，尤其加上袁世凱的告密，加劇了老佛爺對於變法份子的處理。這時候，鼓吹變法的康有為跑了，八月初十（九月二五），楊銳和另外七個人被轉入刑部大牢，其中的張蔭恒被「寬大處理」，發配新疆，徐致靖「永遠監禁」。最初楊銳還覺得自己跟激進維新人士不同，還說過只要審訊不難辯白的話。沒想到慈禧老佛爺對於他們在變法期間作為光緒的「自己人」，早已經視為如康有為一般敵意甚大，如今康有為走了，你們這幾個人就別跑了。八月十三日，距離軍機四章京上任只有二四天，楊銳等四人以及另外一名激進的維新份子楊秀深、還有一名並不重要但是因為是康有為的弟弟的康廣仁，一同不經審問，被殺於菜市口，史稱「戊戌六君子」。監斬官則是那位說過「寧贈友邦，不予家奴」這樣混帳話的剛毅。現在我們後來人來看這個六個人，實在不是同類，但是就被稀裡糊塗的合併了。

回過頭來，再看看光緒在楊銳等人被殺之前對於楊銳的看法，此時的這位「兒皇帝」再也不想有什麼作為，而是爹死娘嫁人，個人顧個人了。在茅海建先生研究戊戌變法翻閱清宮檔案的時候，發現了光緒帝寫的一個小紙條，當然，在當時被稱作上諭，那上面寫著：每次召見他們的時候，楊銳那些人不但狂妄，而其還變著法的蒙我，偷偷地保護亂黨，實在是罪大惡極！不審而誅，對於當時是專制的清王朝來說，也是極大的破壞了祖宗的規矩。所以軍機大臣們根據光緒皇帝的朱筆，擬出了洋洋一大篇諭旨，在這位「兒皇帝」的說法上盡情渲染了一番，以解釋不審而誅的原因。張之洞曾經上書慈禧老佛爺挽救自己的得意門生楊銳，但是他的奏摺到達的時候，楊的人頭已經落地。楊銳這個人，在這一百天中，努力想維持大清帝國遙遙不墜，最終落了個砍頭，唉，死得冤啊。

隆裕太后：為大清謝幕

一九一三年二月二二日凌晨，末代皇帝溥儀名義上的母親隆裕太后病逝於長春宮。時任民國總統的袁世凱隨即下令全國下半旗致哀三日，文武官員穿孝二十七日。參議院除下半旗外，於二月二十六日休會一天。二月二十八日為祭奠之期。

不惟如此，袁世凱還親自臂戴黑紗，舉哀致祭。當時的軍政要員紛紛致電名義尚存的清室，對隆裕的病逝表示哀悼。副總統黎元洪更是在唁電中稱讚隆裕「德至功高，女中堯舜」。

隨後，在參議院議長吳景濂的倡議下，三月十九日當時政府在太和殿召開了國民哀悼大會。靈堂上方懸掛著「女中堯舜」的白色橫幅，靈堂正中擺放隆裕像，所有外露的樑柱均用白布包裹。殿堂內擺滿了輓聯、花圈。穿著清式喪服和現代軍服的儀仗隊在靈堂前左右站立。

在過去史家眼中，隆裕往往被描繪成「昏庸而愚蠢的妒婦」。查閱《清史稿・後妃傳》，對於隆裕太后只有短短一六七字的記載，簡單敘述其身分：慈禧的姪女，光緒的皇后，溥儀的皇額娘，下了宣統退位詔書。

真實的隆裕，面目模糊，但，一個「昏庸而愚蠢的妒婦」，在清王朝喪失政權之後，為何還能獲此哀榮？

退位詔書

一切要從一年前說起。

一九一二年二月十二日，延綿二百六十八年的大清王朝，正是以隆裕皇后頒佈的一紙退位詔書宣告退出歷史舞臺。

起草退位詔書的，是光緒二十年恩科狀元張謇，這位開創了百年實業傳統的清末狀元不僅具備經世計用的頭腦，且極具文采。一紙詔書，委婉而生動地道出大清朝的「有疾而終」：

朕欽奉隆裕太后懿旨，前因民軍起事，各省回應，九夏沸騰，生靈塗炭，特命袁世凱遣員與民軍代表討論大局，議開國會，公決政體。兩月以來，尚無確當辦法……徒以國體一日不決，故民生一日不安。今全國人民心理多傾向共和，南中各省既倡議於前；北方諸將亦主張於後，人心所向，天命可知，予亦何忍因一姓之尊榮，拂兆民之好惡。用是外觀大勢，內審輿情，特率皇帝將統治權公之全國，定為共和立憲國體……袁世凱前經資政院選舉為總理大臣，當茲新舊代謝之際，宣佈南北統一之方，即由袁世凱以全權組織共和政府，與民軍協商統一辦法……仍合漢滿蒙回藏五族完全領土為一大『中華民國』，予與皇帝得以退處寬閑，優遊歲月，長受國民之優禮，親見郅治之告成，豈不懿歟！欽此。

在此之前的兩個月前，一九一一年一二月二十九日，自一八九四年就建立了興中會的孫中山，被十七省代表推選為中華民國臨時大總統，兩天後的一九一二年元旦，南京臨時政府宣告成立。兩則前後銜接的歷史事件，均與辛亥革命存在直接聯繫。

頒佈退位詔書，讓隆裕皇后成為大時代中的點睛之筆，也讓她獲得了死後的哀榮。如果說一九一一年的焦點人物是孫中山和袁世凱，那麼，一紙詔書，讓隆裕太后成為了一九一二年最受關注的人物。

那一場極為隆重的葬禮，與其說是隆裕的哀榮，倒不如說是袁世凱的需要，袁世凱需要向世人和還具備勢力的前清舊臣展示，他的地位來自大清的賜予，對於大清，他不忘舊情。隆裕「被需要」了。終其一生，隆裕都是一個被安排的符號式人物。除了退詔這一歷史事件，包圍著隆裕的，多是一些野史的傳說。「妒婦」源於她與珍妃的後宮爭鬥傳聞，「昏庸而愚蠢」則是因為，大清在她手上亡了。

而那一場葬禮，對隆裕來說，毋寧說更多的是辛酸。

隆裕死時，身邊只有宣統帝溥儀、總統袁世凱、內務府大臣世續和兩三個宮女。

在臨死之前，隆裕曾對世續說：「孤兒寡母，千古傷心，睹宮宇之荒涼，不知魂歸何所。」又對溥儀說：「汝生帝王家，一事未喻，而國亡。而母死，茫然不知。吾別汝之期至矣，溝瀆道途，聽汝自為而已。」

對於袁世凱，隆裕無話可說。

清末新政

背著結束了大清王朝的包袱，隆裕太后在抑鬱中度過了她生命中的最後一年。其實，大清有疾，並非自隆裕太后始。甚至在她走進皇宮大門之後的很長一段時間內，都跟她沒有關聯。

史學家茅海建在《天朝的崩潰》中指出，清朝覆亡，在鴉片戰爭之時已經埋下了致命的病根。之後的清政府，一直在求變求強。在經歷了義和團運動的衝擊和八國聯軍的入侵，尤其是反清革命運動勃興以後，更是如此。

一九〇一年一月二九日，當時清廷的實際執掌者、隆裕的親姑姑慈禧太后還在西安，就下變法詔說：「世有萬祀不易之常經，無一成不變之治法……蓋不易者三綱五常，昭然如日月之照世；而可變者令甲令乙，不妨如琴瑟之改紘。」在這個上諭中，西太后還表示要「取外國之長」，「去中國之短」，「一意振興」，謀求富強（《光緒朝東華錄》）。此後十年的變革，被歷史學家們稱為「清末新政」。

在清末十年中，直隸總督袁世凱是推行「新政」最得力的人物。許多「新政」措施，往往先從直隸試辦，然後再制定章程推廣各省。如編練新軍，創辦巡警，開辦學堂等，都是這樣。（李新：《中華民國史》）

袁世凱正是在這一過程中極力擴張自己的勢力，稱為晚清政壇上最具實力的政治明星。之後改革的一步步深入，都是從袁世凱一九〇一年最先提出新政意見十條——要點是充實武備力量，改進財政制度，開通民智，派留學生等等——開始的。

清政府希望通過一步步的改革，使統治地位得以延續，但是，開始的有些晚了，此時，進步的革命力量已經開始成長，在革命力量的影響下，清廷內部開始出現立憲的聲音。立憲派最著名的領袖，便是代隆裕起草退位詔書的張謇。

一九〇四年，立憲派展開實際活動。張謇在這年五月親自出面勸促湖廣總督張之洞和兩江總督魏光燾，要他們上折奏請立憲，並替他們草擬折稿。但一向以穩重著稱的張之洞，要他探詢當時最有權勢的直隸總督袁世凱的意向。於是張謇寫信給袁世凱說：「日俄之勝負，立憲專制之勝負也。」（沈祖憲、吳闓生《容庵弟子記》）勸他效法日本伊藤、板垣等人，促成立憲，以救危局。

當時袁世凱回信答：「尚須緩以（立矣）時」。（張謇：《嗇翁自定年譜》）。

在立憲思潮的影響下，大清的執掌者們終於開始考慮這一問題。一九〇五年十二月，清政府派遣以載澤為首的五位大臣出洋，到日本、英國、美國、德國和法國去考察他們的政府，並詳細調查中國實行立憲政體的可能性。一九〇六年七月，該使團回國，每位成員都推薦立憲政體。

一九〇六年九月一日，光緒帝在慈禧太后的指使下，命令京師和地方官員開始憲政的準備工作。問題就這樣決定下來，準備工作就開始了。

然而，在立憲改革穩步推進的一九〇八年末，實際執掌四十餘年政權的慈禧太后去世了，同時和她一起去世的還有大清王朝名義上的執掌者光緒皇帝，隆裕的丈夫。他們的先後去世，帶走了圍繞著他們之間的所有恩怨傳聞，也讓大清朝的改革進入更加洶湧的激流險灘。

慈禧死後，隆裕成為皇太后順理成章，同治的三位妃子也並非沒有資格，因為末代皇帝雖然兼祧光緒，但首先是同治的繼承人。傳說，慈禧下葬後，同治的三位妃子要留在東陵替慈禧守陵，不回宮了。守陵是假，給隆裕難堪才是真。隆裕沒表態，是太監小德張站了出來，對三位妃嬪說，既然這樣，皇太后就馬上替各位在東陵蓋房子，成全各位守陵的孝心。史傳隆裕依賴小德張，不假，但是若要說「受制」或者「害怕」小德張，則過於誇張。

隆裕不是慈禧，她身邊只有小德張可用。

隆裕成為新的皇太后，開始逐漸走向歷史前臺。

同她一起走上歷史舞臺的，還有一幫年輕人。

掌位的年輕人

老佛爺走了，改革還在繼續。三歲登基的溥儀依然是個虛設的皇帝，真正執掌政權的，都是老佛爺生前制定的接班人。

載灃，宣統的生父，這位二十六歲攝政王的婚姻，和哥哥光緒娶隆裕一樣，是慈禧指定的。和哥哥一樣，載灃對老佛爺的指婚是不滿意的，但是他身段比起哥哥來，則要柔然的多。其主政期間，暗殺風潮忽然間在革命黨中盛行起來，一九一〇年，這位攝政王成了和他同歲的革命黨人汪兆銘的目標。攝政王躲過了暗殺，汪兆銘被捕。按照大清曆律，這是滿門抄斬的大罪。攝政王不顧大理院對其發出「公然踐踏法律」的抗議，選擇了法外開恩。載灃的考慮是：「黨禍日夕相尋，恐益重其怒，乃作釋怨之舉，博寬大之名」。

果然，這一個決定為清朝在中外贏得了掌聲一片。但身段柔軟的攝政王在碰到真正威脅大清的因素時，也會絕不手軟的使用霹靂手段。一九〇九年，正是他意識到勢力座大的袁世凱開始尾大不掉時，殺心暗起，因為奕劻的勸阻，又悍然以袁患有足疾的理由回了老家河南。袁世凱的下場休息，一時間成為國際上最受關注的事件。也是這一事件讓袁世凱在日後被啟用之時，不敢也不願再為清廷使出全力。

這位元攝政王組織的皇室內閣，被後世史家認為是任人唯親和載灃的無能，其實，那時的攝政王，已經感覺到除了皇室之外，再沒有可信任的人了。

末世偏消。

末世中的另外一個重要角色是不太年輕的內閣總理大臣奕劻，這個深得慈禧信任的「四朝元老」在慈禧主政時就一直為袁世凱的改革舉措開架護航。

吊詭的是，奕劻的貪婪中外聞名，公開接受內外官員的賄賂。行賄者只要用紅紙信封裝上銀票，當面呈交給，並說：「請王爺備賞。」奕劻閱後則說：「您還要費心。」說畢塞進坐墊下，一場交易就算完成。（葉恭綽：《清季軍機處》）而他卻自詡「澹如齋主人」，意思是說他為人澹泊如水。有學者分析，處在「高處不勝寒」地位的奕劻，正是用貪財的形象，向其上峰展現胸無大志。

一場有志於建立高效廉潔政府的改革，卻不得不倚重內外知名的貪官。大清朝的氣數盡了。

隆裕儘管成了太后，歷史還沒有需要她出場。

她的不幸在於，執掌這個政權的所有關鍵人物，都與她有關。從被慈禧選中入宮那一刻起，她與這個王朝便緊緊聯繫在了一起。過去多認為慈禧選擇隆裕是因為她是自己的親姪女，多少是個誤解。慈禧之所以在眾多姪女中選中了隆裕，跟少年隆裕的處事果斷有主見有關。老佛爺早就對隆裕的父親桂祥留下話：喜子（隆裕的小名）不要嫁給別人。姐姐妹妹都出嫁了，隆裕還在閨中等待著光緒皇帝。被慈禧選中之後，少年隆裕建議桂祥讓體弱多病的弟弟練武強身，被父親採納。這個弟弟，後來成了光緒的御前帶刀侍衛。在之後的歲月中，隆裕的果斷時不時會表現出來，並不像過去傳說的那樣「怯懦」。

這個王朝的最後掙扎，隆裕想置身事外都沒有辦法。

袁世凱

在隆裕的最後歲月中，與她關係最微妙的，莫過於袁世凱。

這位因為日後稱帝而身敗名裂的改革者，在一九〇九年後一直密切注視著國內政治形勢。武昌起義的第二天，即十月十一日，適逢袁世凱的五十二歲壽辰。由於時局動盪，不少人估計他可能會再起，所以前來祝壽的心腹親信比往年更多：趙秉鈞、張錫鑾、倪嗣沖等人「鹹集洹上」。

正當養壽園內大擺酒宴，演戲祝壽時，武昌起義的消息突然傳來，「客座相顧失色」。袁世凱立刻下令停止祝壽活動，「劇宴皆止」。同時，他馬上意識到，期待已久的出山時機已經到來。他說「此亂非洪楊可比」（袁克文《辛丙祕苑》），不可等閒視之。言談之間頗有「收拾殘局舍我其誰」之慨。

袁世凱決心東山再起，可是在什麼時候和以什麼名義出來最穩妥，最有利呢？這是他反覆考慮的問題。

對掌握政府大權的載灃，袁世凱仍然憤憤不已，自然不肯去支持他。據徐世昌後來回憶，袁世凱當時也有自稱局面的想法，昔日部下倪嗣沖等人極力向他勸進：天下大亂，民無所歸，捷足者先得。但袁世凱拒絕了，徐世昌分析，袁世凱的顧慮有五：「一，世受清室恩遇，從孤兒寡婦手中取得天下，肯定要為後世所詬病。二、清廷舊臣尚多，如張人俊（兩江總督）、趙爾巽（東三省總督）、李經羲（雲貴總督）、升允（陝西撫巡）均具相當勢力。三、北洋舊部握軍權者，如姜桂題、馮國璋等，尚未灌輸此等思想。四、北洋軍力未達長江以南，即令稱帝，亦是北洋半壁，南方尚須用兵。五、南方民氣發達程度，尚看不透。人心向背尚未可知。」所以其傾向「表面維持清室」。（張國淦《洪憲遺聞》）

袁世凱的內心，現在已經無法得知，稱帝的事實，卻是無可辯駁。但是在稱帝之前，資料顯示，無論人前人後，袁世凱都沒有透露出過一絲一毫稱帝的想法。

十四日，老領導兼老朋友奕劻的親筆函從北京來了，勸袁世凱出任湖光總督。袁世凱的心裡活泛了。但同時，楊度也由北京抵達，勸他不要應命。幕僚王錫彤「力袒楊」，「他人或袒阮，交進迭諫」。一天，王錫彤問袁世凱：「公之出山為救國也，清廷親貴用事，賄賂公行，即無鄂禍，國能救乎？」

袁：「不能，天之所廢，誰能興之！」

王：「然則公何以受命？」

袁：「托孤受命，鞠躬盡瘁。」

王：「專制之國不容有大臣功高震主，家族且不保，前朝此例甚多。同是漢族已不能免，況非一族。」

袁勃然變色，大聲說：「餘不能做革命黨，餘且不願子孫做革命黨。」（王錫彤《抑齋文集》）

誰能說得清，這番姿態的袁世凱，是否看到了日後形勢？但正如袁世凱的心腹趙秉鈞所說：「項城本具雄心，又善用時機，武昌事起，舉朝惶惶，起用項城，授以指揮全國軍隊全權，正是大有為時機，得以償其抱負。」（張國淦《辛亥革命史料》）

經過一番交涉，袁世凱獲得清政府的充分授權，重出江湖。但，正如袁世凱自己所說的那樣，天之所廢，誰能興之！

登場之時　收場之日

資料顯示，在一九一一年到一九一二年間，不僅是革命軍方面如火如荼，各種抗議運動也都湊在了一起。這些抗議運動儘管有些不是革命的，但是有一點卻達成了共識：應該以共和國代替清王朝或者對此應該表示接受。換言之，一九一一年的中國，已經不再是一個統一的中國。那一年年底，有十七個省市脫離清政府宣佈獨立。第二年出，南京臨時政府的成立更是無視清政府的存在。

早在被清廷起用之初，袁世凱便預謀收拾南北局勢。他曾派人密告梁士詒說：「南方軍事，尚易結束，北方政治，頭緒棼如，正賴燕孫居中策劃一切。請與唐少川（唐紹儀）預為佈置。」（鳳岡及門弟子《三水梁燕孫年譜》）此時，局勢已盡在袁世凱掌握，他事先把優待條件透漏給載灃，獲得支持後，然後上奏隆裕太后：「民軍之意，萬眾一心，支持共和。」政府「餉無可籌，兵不敷遣，度支艱難，計無所出」，「常以此遷延，必有內潰之一日，倘大局至此，雖效周室之播遷，已無相容之地」，「」臣會同國務大臣，籌維再四，於國體改革，關係至重，不敢濫逞兵威，貽害生靈；又不敢妄事變更，以傷國體」，只得要求「皇太后、皇上召集皇族，密開果決會議」，「速定方針」。

隆裕出場的時間來了。她要為清政府的平安善後負起責任。

在溥儀皇帝的回憶錄中，記載了隆裕最後接見袁世凱的情形：「我坐在太后的右邊，非常納悶，不明白兩個大人為什麼哭。這時，殿裡除了我們三個，別無他人，安靜得很。胖老頭很響地一邊抽縮著鼻子，一邊說話，說的什麼我全不懂。後來我才知道，這個胖老頭就是袁世凱。這是我看見袁世凱唯一的一次，也是袁世凱最後一次見太后。如果別人沒有對我說錯的話，那麼正是在這次，袁世凱向隆裕太后直接提出了退位的問題。」

退位已經無可挽回。儘管在皇室內部已經進行了幾次討論，但在還是存在爭論。促使隆裕太后下決心退位的，是一月二十六日，最堅定的宗社黨領袖良弼被革命黨人彭家珍炸死。宗社黨群龍無首，滿朝親貴心驚膽戰。他們讀到北洋文官武將的奏電，知道大事已去，便紛紛逃出北京，投向天津租界及大連、青島等地。

隆裕皇后立即頒佈授予袁世凱一等爵，想用這種方式讓袁世凱保持大清不亡。但此時此刻，南方革命黨許諾的大總統位置對袁更有吸引力。袁世凱一口謝絕了榮典，不斷向這位太后傳遞「革命黨太厲害」的消息。時人評價那時的袁世凱：「一方挾滿族以難民黨，一方則張民黨以迫清廷，時人謂之新式曹操。」（《胡漢民自傳》）

沒有選擇，她依然只能「全權授予」袁世凱。她所能做的就是在註定的命運之下為清室爭取一個較為優待的條件。

在南北雙方拉鋸的談判過程中，清室的退位條件的每一次更改，都「入奏」隆裕皇太后過目，「太后逐字討論，見解明快」。主要負責起草優待條件的，正是早年被載灃豁免的汪精衛。

退位之後的大清朝暫時還住在皇宮裡，但是歷史已經進入了新時代。

安陽訪袁林

自從前兩年開始關注北洋集團，就一直想去安陽，看袁林——一手締造北洋集團的政治強人袁世凱的最後歸宿，順便，看看殷墟。關於袁世凱的資料看了不少，但總有俗務產生，一直未能成行。

沒想到，兩年後去安陽，目的地便是袁林。前不久，「袁世凱與辛亥革命」研討會在安陽召開，我作為受邀嘉賓參會，於是前往安陽。還沒有到安陽，先生感慨：一百多年過去，蒙在袁世凱身上的，是諸多歷史的塵埃。即使在時代開明的今天，袁世凱，依然是個令人欲說還休的話題。

是的，是塵埃。兩年前關注北洋集團這個題目，開始陸陸續續的看相關資料時，就發現，一個袁世凱，被歷史打扮的面目全非，告密者、賣國賊、竊國大盜——這些頭銜讓我面對歷史時，常常迷惑，若是袁如此不堪，為何歷史選擇了袁世凱？又或者，是我們自己的歷史，原本就是這樣不堪。

翻閱資料，同時也在剝離歷史蒙在袁世凱身上的塵埃。資料上如此告訴我：

他不是教育家，但是熱心教育，山東大學的前身山東大學堂，就是他一手創辦的。創辦學堂時，他說：「國勢之強弱，視乎人才，人才之盛衰，原於學校。誠以人才者立國之本，而學校者又人才所從出之途也。」這話放在當時那些名勝一時的大學校長的話語中，毫不遜色。即使有人捉刀代筆，也在一定程度上代表了他的見識。

廢除科舉是近代教育史上大事，也是讓他引以為豪的一件事，他女兒回憶說：「我父親以後經常談論這件事，他認為這是他一生中最為得意的事情。」可惜後世史家在談到廢除科舉時，很少提到他的名字，但是當年他給大清皇帝的奏摺還在，證據確鑿。

直隸（今河北省）之所以能在近代以來較早地建立起完整的現代教育體系，跟他關係莫大：正是在他的支持下，嚴修等人才在直隸掀起了一股興辦新式教育的潮流，辦起各種層次各種類型的新式學堂。一九〇七年，南開中學的前身天津私立第一中學起建禮堂，禮堂就是以他的名字命名的。而直隸最早的公立女子學堂，也是他下令創辦的。也是在一九〇七年，清政府學部對全國教育作了一次詳盡的調查統計：直隸教育位居全國第二。

他也不是財政專家，但是一九〇一年十二月，他接任直隸總督之後，面對從李鴻章那裡繼承下來的「一個財政爛攤子」（當時的直隸財庫有二十萬兩白銀，還是從山東財庫借來的），他發展實業，成效顯著。

一九〇二年，在他的主持下，保定設立農務局，天津設立工藝總局。一九〇五年，農務局試種美國棉花成功，「絨絮頗長」，外國的棉花確實好，所以隨後就開始在直隸等北方省區推廣，這在農業發展史上，算是有重要意義的一件事。而直隸省由傳統農業向現代農業轉變的過程，正是在他主政直隸期間。

工藝總局則是領導全省進行工商業建設的機構。在其發展直隸實業的過程中，提出官為商助的主張。一九〇四年，天津織染縫紉公司創辦，資金不足，他指示政府撥款一萬五千元入股相助；一九〇七年，天津機器玻璃廠建廠遭遇了同樣的問題，他撥銀五千兩相助。這種方式在今天看起來與市場經濟格格不入，但是在工商業剛剛起步的晚清，對於企業的發展卻起到了非常的促進作用。天津正是在這樣的政策環境下，進入了發展的快車道。

得舉些枯燥的資料，才能看清楚當時天津的發展：庚子以前，天津僅有四五家近代工業企業，資本總額為一百一十萬兩，到了辛亥以前，已經發展到一百三十七家，資本總額為兩千九百二十萬兩。

資料不會說謊。所以有論者說其主政直隸時期，是天津工商業發展的黃金時代。

他也不是司法專家。但是現代法學先驅沈家本質所以能主持修律館，正是緣於他與同僚張之洞、劉坤一的保舉。清政府在司法改革中取得的重要成就，大都和他的努力有關。比如將司法、行政分離，搞司法獨立；再比如設總檢察廳，受法部監督，對刑事案件提出公訴。直接的證據就是當時地方司法改革的試點就設在直隸，而他是直隸的主政者。（參見拙文《「賣國者」的功績》載

《負傷的知識人》商務印書館）

這是我兩年前寫的一篇袁世凱的小文，是看完資料後對袁世凱的重新認識。打住，暫且打住，本來是說袁林的，怎麼說起袁世凱來？但不說袁世凱，袁林就沒有來由，就只不過是洹河水邊的一個不知名的小地方而已。

六月四號，抵達安陽，從火車站打車過去，不過十分鐘的路。先在賓館安頓，和一幫學界師友閑敘，說的最多的，當然還是袁世凱。第二天才去看袁林。

一到袁林入口，便可以看到一個五門的門樓，巍峨高聳，氣度不凡。同行的朋友拍拍我指著讓我看，具體的內容忘記了，記住的是，都是當年的主席語錄以及相關的內容。朋友之所以示意給我看，大概是覺得這樣的內容與袁林大不協調。可是，袁林之所以在今天能夠保存的相對完整，還多虧了主席的指示。一九五二年，主席來到袁林，參觀過後，做出指示：要把袁林保護起來，作為反面教材，教育後人。否則，經歷十年浩劫，袁林是否還能存在，還真是個疑問。

但袁林所以能夠安然無恙，還不完全拜主席所賜，文革時，紅衛兵們來到這裡挖袁世凱的墳，一陣鎬刨錘砸，經過鋼筋混凝土澆築的袁墓絲毫無恙，沒有炸藥的紅衛兵，只好怏怏離去。

為袁世凱設計最後歸宿的，是一位德國的設計師，陵墓的設計也完全是西洋風格，在袁世凱死後的兩個月裡開始施工，耗時兩年完成。在此之前，袁世凱的兒子們，已經將他入土為安。我看到過一張墓園剛竣工時的歷史照片，袁林還真有一片林子，面積比現在的袁林大的多，松柏林立，不過具是幼苗。袁世凱的女兒袁靜雪在她的回憶文章中曾經說到這個情況，最初的袁林，因為經費緊張，難以成林，是袁家自費移種而來。老袁十個妻妾，多子多孫，若是一個兒孫種上十棵，便是不小規模。

不過，袁林之所以叫袁林，還不是因了這片兒孫為袁世凱栽種的林子。當年袁世凱入土，大公子袁克定理所當然地去請袁世凱的昔日盟友徐世昌題寫「袁陵」二字，畢竟做過皇帝嘛，雖然只有八十三天。老成持重的徐世昌告誡「世侄」：陵乃帝王之墓，令尊生前稱帝未成，且已自行取消「洪憲」年號，用「袁陵」，不妥。袁克定爭辯說：亡父大殮時，即身著皇帝的冕服。但無論袁克定怎麼說，這袁陵二字，徐世昌就是不寫。不愧是秀才，還是徐世昌，想出了通融的辦法又引經據典地說服了大公子：「《說文解字》中，陵與林可相互借用，避陵之嫌，卻有陵之實，就稱袁公林，如何？」

徐世昌後來能做大總統，那真不是蓋的，就說這袁公林三字，便看得出這位秀才進退得度。那時節老袁因稱帝為千夫所指，稱陵討好了袁公子，但是得罪了天下人，稱林，兩頭不得罪。其實，雖然老袁稱帝沸反盈天，但是真要是叫袁陵，還真不見得出什麼亂子，後來的國父孫中山，在南京的最後歸宿，不就是叫中山陵嗎？中國的老百姓，逆來順受慣了，又何況死者為大，那還會在這些事上計較？

安陽城外洹水之上，自此便有了這空前壯觀的陵墓——除了袁林本身近一百四十畝地外，袁家還買斷了周圍泱泱上千畝地作為祭田。如今，祭田不再屬於袁林，啤酒街取而代之。當天晚上一群學界師友在那裡喝酒聊天，不時開上兩句關於袁大總統的玩笑。

袁大總統生前，是不喜歡別人開他玩笑的。他寵愛的一位侍妾，就因為說他一句「沒姥姥家的」，隨後即失寵。不過，那個侍妾的玩笑也開大了些。「沒姥姥家的」在河南話中，既是「妾生的」意思，須知袁世凱最忌諱的，便是這一點，他之所以沒有落葉歸根葬在原籍項城，在彌留之際還念念不忘要兒子們「扶柩回籍，葬吾洹上……」，就是因為袁世凱的大哥認為袁世凱的生母劉氏不過是個庶母，不許其入袁家祖墳征穴。那時袁世凱已經官拜直隸總督，而且還是全國八大總督排名第一呢！就這樣，袁世凱憤而遷籍，從此再沒回過項城。

如此要強的袁世凱，為何會接受日本的二十一條，又為何在中國進入共和時期之後甘冒天下之大不韙悍然稱帝？袁世凱身後罵名累累，多拜這二者所賜。而近年來發現的資料說明，當年的二十一條，最後袁世凱並非一一接受，而且在對待日本人的問題上，袁世凱始終不卑不亢。只是當時弱國無外交，就連性情剛烈的段祺瑞，在被老袁問及「中日交戰，有無把握？」之時，也不得不實事求是的回答：「三日即亡。」強硬如老袁者，最後也只能銜恨宣佈：

（日本人）現在已經撤回（第五項）。決議各條，雖有損利益，尚不是亡國條件。只望大家記住此次承認是屈服於最後通牒，認為奇恥大辱……

至於稱帝，以往說袁世凱受了大公子的欺騙和蒙蔽，這未免太看不起袁世凱。當時的中國，形勢上沒有了皇帝，但是老百姓心中的皇帝卻沒有死去，加上當時中國一盤散沙，外強環伺，袁世凱稱帝，或許想利用這一形勢，糾集其渙散的權力，否則，反對稱帝最用力的，為什麼恰恰是日本？從我們今天的理念看來，稱帝是歷史大倒退，袁世凱也已經因為稱帝，被釘在了歷史的恥辱柱上，但用今天的眼光去評判古人，真的可以那麼理所當然嗎？而在我看來，袁世凱終其一生，不過是一個具有新思想的舊人物，其墓地的設計上中西合璧，不如說折射出的，正是袁世凱內心的中與西的糾結。

並非存心為袁世凱辯誣，只是想儘量多接近一些歷史的真實。袁林雖然不如從前，依然松柏蔥蔥，跟我一同去的女兒在那裡玩得不亦樂乎，不時問這問那，當她問我袁世凱是誰時，竟讓我一時無語，我該怎麼回答她？按照我們過去的教育告訴她嗎？還是按照我自己的理解來告訴她，這一切對於一個成人來說都太複雜了，何況一個孩子？

辛亥一百年，各種關於辛亥的討論紀念此起彼伏，在我自己，尤其看重的是在這次改朝換代之際，大清王朝實現了軟著陸，而之前中國幾千年改朝換代的歷史中，莫不是通過對前朝的大量殺戮實現的。

本來想趁機去殷墟看看的，原本就不遠，但是聽去過的學者張耀傑講，他去殷墟，看到的是殺人文化，展出的鼎裡的人頭，刀砍斧剁，痕跡歷歷在目。我聽了，便打消了去看的念頭。

我到安陽，不看殷墟，只看袁林。

燕大初建時期的人物關係譜系

司徒雷登：一紙任命讓他突然面對無數難題

一九一八年，一場突如其來的任命打破傳教士司徒雷登平靜的生活。那一年，他在南京度過了他人生中的第四十二個生日，從一九〇五年來到中國傳教，效果甚佳，不僅讓他所隸屬的南北長老會刮目相看，也讓他在中國獲得了廣泛的聲譽。那一年，他已經在金陵神學院工作多年，無論是教學還是研究都得心應手，好幾個計畫，也正在展開。

正在此時，南北長老會正式向司徒雷登下達命令，讓他去籌辦「一所新的綜合性的大學」。對此，司徒雷登的第一反應是「我實在不願去」。

只要瞭解當時的情況，就會理解司徒雷登的第一反應。

在教會的計畫裡，即將成立的燕京大學由兩所規模略小的教會學校聯合而成。儘管所有的人都認為應該聯合，但是在其中之一的匯文大學看來，他們已經形成規模，將華北協和大學兼併是理所當然的事情，而在華北協和大學看來，兼併不是聯合。

雙方都堅持新校名應該包含自己原有的校名，否則對於聯合而成的新學校就不予承認。這樣的爭執令教會也感到莫衷一是，從一九〇一年動議聯合，到一九一八年兩所學校校舍合併，爭論竟然持續了十八年！這還不算兩所學校分別隸屬不同的差會，而差會之間又各有想法。

再看一看當年的校舍，據燕京大學早期的學生回憶，一九一九年，司徒雷登接手的燕京大學的資產是這樣：那裡有五間課室。一間可容一百學生的飯廳，有時用這間大屋子開會，也有時用來講道。還有三排宿舍，一間廚房，一間浴室，一間圖書室，一間教員辦公室。另有網球場和籃球場。此外剛弄到手一座兩層的廠房，原是德國人建的，可以改作課堂和實驗室。

關於教員的情況，冰心當年的老師包貴思有這樣一段記載：那時的燕大是一無可取。我們很局促地住在城裡，沒有教員，也沒有設備……學生不到百人，教員中只有兩位中國人（陳在新博士和李榮芳博士）。許多西方教員並不合於大學教授的條件。

好吧，如果經費充足，校址可以另該爐灶，教員可以重新選聘。司徒雷登當時也是這樣想的。

可惜的是，燕京大學的經費狀況也是一團糟糕：當時領導這所聯合學校的四個差會同意提供的經費只有三十五萬美金，而在聯合計畫中，校園建設購置土地的費用就要花掉將近二十四萬，剩下的十一萬，還不夠拆除當時購置土地上的房屋，更不要說建造新的校園。四個差會每年只提供四萬美金，用來負擔當時教師的薪水、差旅、房租、醫療費和休假，而在一九二〇年，僅併入燕京大學的協和女子大學就有二十二名西方教師，更要命的是，包貴思說「經費常年有一半是落空的」。而還有一個不容忽略的因素是當時美元的匯率，出奇的低，這些經費在中國，只能實現一半的實用價值。

一句話，燕京當時的經費，就是用來應付日常的運轉，就已經是僧多粥少，更不要提再聘用優秀的教師。

但是，司徒雷登在日後所面對的困難，遠遠不止這些……

他會如何突圍？

亨利路斯：一場任命的博弈

在南北長老會的任命下達的時候，幾乎司徒雷登所有的朋友，都認為那是一個「無法收拾的爛攤子」。

但是司徒雷登的老朋友亨利路斯（Henry W. Luce）卻對他表示了支持。只是，在支持的同時，這位老朋友提醒司徒在他應聘之前，應當仔細審查經費方面的問題。

在明瞭任命無法撤回之後，司徒雷登按照老朋友的建議審查了燕大的經費，提出了接受任命的條件：他不管經費的問題。雖然這個條件最後只是一紙空文，但是我們可以看出，司徒雷登對於這位老朋友，非常看重。

亨利路斯是誰？可能大多數人都不知道，但是說起他的兒子，大家必然耳熟能詳，那就是被稱為「時代之父「的《時代週刊》創辦人哈利（Harry），邱吉爾曾經說哈利是美國最有影響力的七個人之一，二十世紀的五〇年代，被稱為「盧斯的十年」，說就是他。

父親的名氣雖然沒有兒子大，但是同樣了不起。

和司徒雷登一樣，亨利路斯也是在大學時代受到「學生志願者「運動的影響，改變了最初的志向，決定把一生貢獻給傳教事業。這樣一個共同的經歷，讓路斯和司徒雷登交流起來沒有任何隔閡。

教會大學在中國的聯合有一個背景，在此之前，日本的美國傳教士由於差會之間的各自為戰，錯過了在日本建立像早稻田大學那樣的機會。教會吸取了教訓，決定在中國把分散的兵力聯合起來，消滅差會之間的競爭。

在那場聯合大潮中，亨利路斯正是關鍵人物之一。早在一九〇七年，為紀念入華傳教一百周年，，新教傳教士們召開了「百周年紀念大會「，在那場大會上，亨利路斯提議成立」教育總會「並獲得通過。教育總會的職責，就是調查、研究中國各地的教育情況，同時要求在同一地區從事教育的各個差會加強合作，建立聯合大學。

金陵大學、齊魯大學、華西協和大學、之江大學，這些曾經輝煌一時的教會大學，正是教育總會的工作成效。

亨利路斯和齊魯大學的淵源尤其深厚，一八九七年十月十三日，路斯夫婦第一次來到中國，在上海短短逗留之後，第一個長期駐紮地，就是山東的登州，任職於文會館，也就是日後齊魯大學的前身。時代週刊的創辦人，就是在登州出生的。齊魯大學聯合建校的資金，就是亨利路斯募集的。

在當時，進教堂的美國人給傳教士捐款已經成為習慣，但是為教會辦大學捐款卻是從來沒有過的事。讓人們為一件陌生的事物捐款，其難度可想而知，即使在十年之後，燕京大學創建之時，美國人已經瞭解了傳教士在中國的教育領域所進行的的事業，募捐依然是難度重重。

那時期的亨利魯斯，成了一個雙料傳教士：在中國宣傳美國的宗教，在美國宣傳中國。經過三年的努力，亨利路斯為齊魯大學募集到了充足的建校經費，之後齊魯大學校址的選擇和校舍的修建，也是亨利路斯一手操持。一九一七年夏天，齊魯大學校舍建成，亨利路斯功成身退，從副校長的位置上掛冠而去。

一切像是安排好的，在路斯辭職後不久，他的老朋友，在金陵神學院任職的司徒雷登收到了教會邀請，出任即將聯合而成的燕京大學校長。老朋友特地像亨利路斯發出邀請，讓路斯陪他一起到北京看看。

一旦發現任命無法推辭，司徒雷登就發現，當初不負責經費問題的約定形同虛設。如果他不負責經費，只能接受他的想法無法實現的現實，得過且過。那既不是司徒雷登的性格，也有違教會任命的初衷。

要在需要的時間內募集到資金，司徒雷登就不得不投入戰場。他第一時間想到的，就是向老朋友路斯發出邀請，請他擔任燕京大學的副校長，負責在美國募集資金。雖然在此之前路斯推卻了眾多大學副校長職位的邀約，但面對老朋友司徒雷登，他無法推辭。

路斯接受司徒雷登的邀約，老朋友的情面是一方面，更重要的一方面是，燕京大學是全新的系統，而不像之前的邀請，系統已經成型，他加盟之後，只能在既有的秩序裡施展手腳，而燕京大學，可以讓他按照自己的思路去開創局面。

司徒雷登接受校長職位之後，校董會提名路斯作為副校長。然而，這個提名遭到了遠在紐約的董事會的反對。司徒雷登給紐約回信，同時附上了一封辭呈。權力的傲慢在這時體現出來，紐約對於提名依然不准，連建議都沒有。

司徒雷登急了。

他把所有的理事都叫到北戴河，把自己和紐約的信件往來展示給所有的理事。理事會立刻給紐約方面寫了一封緊急信，最後，董事會終於妥協了。

司徒雷登就是這樣，對於認定了會給自己帶來幫助的人，會無條件的挺下去。另一方面，這其中也包含了司徒雷登對於事權的認知：教會既然任命，就要有充分的賦權。在日後執掌燕大的生涯裡，司徒雷登也是這樣對待他的同事們的。但吳雷川是個例外。

亨利路斯的上任，使司徒雷登稍稍可以從令人頭疼的經費問題中抽出身來，司徒雷登事後回憶說：「就在這一篇黑暗之中，亨利路斯博士可以算得上是一絲曙光。」

吳雷川：尷尬的身分認知

二〇年代的一個盛夏之末，燕京大學朗潤池畔，一位老者正步態沉穩地走來。突然天降大雨，手中無傘的老者並沒有驚惶奔跑，「還是和晴天一樣從容莊重地向著家門走去」。這一幕，給在燕大讀書的冰心留下了深刻的印象，以至於近六十年後，冰心書寫《關於男人》一文時，還覺得其慈顏如在眼前。這老人，即是時任燕京大學校長的吳雷川。

不過，旁觀者眼裡的外在從容，於當事人的內心，未必可以劃上等號。在燕京大學時期的吳雷川，實際上一直處於一種尷尬的身分認知之中，由於這種尷尬的身分認知，吳雷川在燕大任職期間，工作的並不愉快。

二〇年代的非基督教運動和回收教育權運動，是吳雷川來到燕京大學的背景。只有瞭解了這一背景，才能瞭解，吳雷川何以來到燕京大學以及他的任職處境。

簡要言之，非基督教是上個世紀二〇年代之初中國知識界針對傳教士使中國全面歸化越來越強烈的企圖的自覺抵制，當時最著名的知識份子如蔡元培、李大釗、周作人等人都參與其中。這場運動越演越烈，最終上升到政府層面成為國家意志，演化為回收教育權運動。在北洋政府和之後的國民黨政府頒佈的教育法令中，核心內容有兩條：反外國在中國所設置學校，必須遵照教育部頒發法令和規程，並向政府註冊批准；學校校長，必須是中國人。

在這樣的背景之下，再看一看吳雷川的人生履歷，就會發現，吳雷川，正是那一時期出任燕大校長的最佳人選：

清光緒二十四年，二八歲的吳雷川考中進士，後授翰林院編修。

一九〇六年，吳雷川出任浙江高等學堂（浙江大學前身）監督（即校長）——這是清廷效法西式學制最早創辦的幾所新式高等學校之一。

一九一一年後，短暫出任杭州市市長一職。

一九一二年任任中華民國教育部參事，主管部內祕書工作

一九一五年接受聖公會的洗禮，開始積極參與基督教活動。

一九二六年任北平燕京大學教授、副校長。

一九二八年任國民政府教育部常任次長。

翰林院編修是傳統社會中層次最高的人群的身分標識，浙江高等學堂監督是吳在教育界的資歷，杭州市市長和教育部的經歷暗含的是當時政府對認可，在燕京的執教經歷和基督徒這一身分，

則讓教會接受起來不是那麼困難。

一個人之前的履歷，只有和之後的經歷參照，才會散發出無窮的意味。

在一九二九年，還有比吳雷川更合適的人選嗎？

對於燕京大學和司徒雷登來說，答案是沒有。

但對於吳雷川來說，只有他在進入燕園之後，才能感受到燕京大學和司徒雷登對他的角色期待。

儘管「吳雷川起初非常重視身為中國人校長的意義和重要性，不止一次地提醒自己的同事，校長是一全權大學行政人員」，但他很快認識到，校長只是一個忙於其他事務而不能密切關注校內行政的名人。

一切大全，還是在此時職務是校務長的司徒雷登身上。

校務委員公開會，地點是設在司徒雷登家中；所用的語言，是吳雷川並不通曉的英語，司徒雷登並非有意排斥，但吳雷川的反應是不再出席會議。

司徒雷登和吳雷川兩人對於校長這一身分的不同認知，導致了吳雷川只有一條出路：辭職。

辭去了燕大校長的吳雷川，依然留在燕園裡教書。燕大校長的身分與他的期待有差距，但是燕園裡的一部分依然是他的理想，冰心看到的那個形象，更符合解決了身分認知問題的吳雷川。

劉廷芳和洪業：格局初現

亨利路斯的加盟解決了司徒雷登的財政赤字，他還需要一個人來幫他延攬人才。這個人就是劉廷芳。

劉廷芳既是司徒雷登的老朋友，也是司徒雷登在金陵神學院任職期間的舊同事。在燕京大學還沒有創辦的時候，聖約翰大學是教會大學中的佼佼者，如今華東師大美麗的校園，就是當年聖約翰的舊址，而現代中國的金融人才，大多數是從這所學校走出的。劉廷芳的大學生涯，就是在聖約翰度過的。

雖然是基督徒，但劉廷芳對於教會學校的表現並不滿意，他在報紙上撰文批評教會學校的弊端，恰巧被在金陵神學院執教的司徒雷登看到，於是司徒請人引薦結識。後來劉廷芳赴美留學，司徒曾居中安排，為其爭取獎學金。

劉廷芳對於司徒的感激轉為對司徒事業的支持，許諾回國之後到金陵神學院服務。一九一九年，司徒雷登執掌燕京大學，正是用人之際，無須赴金陵履約的劉廷芳決定赴京輔佐司徒。

早當時，劉廷芳因為在留學時期的表現，已然是時代的潮頭人物，一九二〇年他剛剛坐船從美國返回故國，就被當時各個大學爭相延攬，東南大學、北京高等師範和國立北京大學，先後對其許以心理學系主任的職位。

司徒沒有把老朋友的情誼當作理所當然，為了讓劉廷芳加盟燕京，他下足了功夫和本錢：由燕大所隸屬的教會任命劉廷芳為教會駐燕大代表，這樣的任命，等於在更高一個層級賦予劉廷芳更高的身分；而在薪酬上，司徒雷登也毫不吝嗇，許劉廷芳與西方傳教士同樣的酬金和住房。

儘管教會內部對此頗有微詞。但劉廷芳的耀眼的資歷在那裡擺著：

聖約翰大學的高材生，一九一三年赴美，先後在喬治亞大學和哥倫比亞大學獲得學士和碩士學位，教育學和心理學的雙料博士；在西方宗教界，劉廷芳也有美名，曾經在耶魯神學院深造，自一九一九年起便在紐約協和神學院擔任宗教教育權威喬治・A・柯教授的助教，在過去，這一榮譽從沒給過一位非協和神學院出身的學者……

執掌燕大這樣的教會學校，司徒雷登不僅要面對中國的環境，還要面對美國教會，在教會保守派的眼中，司徒雷登是個不折不扣的異教徒，一匹難以駕馭的野馬，在燕京大學創辦之前的爭論中，司徒雷登甚至差點被趕出教會。讓劉廷芳這樣一個被教會所接受的人物加入燕京，其觀點又與司徒雷登高度一致，可以讓司徒在擺脫教會掣肘時如虎添翼。

同一事件，往往可以有兩方面的效果，讓教會任命劉廷芳這一事件便是。

劉廷芳長袖善舞，自稱不善籌款，但深諳羅致人才之道。加盟燕大之後，劉廷芳發願「使世界各國的導師先知也能聞風來此集會」。陳垣、吳雷川、趙紫宸、簡又文這些一時名流，都是在劉廷芳的努力之下集於燕大。

為燕大學術奠基的洪業，也是在劉廷芳的介紹之下，從美國學成來到燕園成為燕京大學的教務長。多年以後，司徒雷登的自傳完成，請胡適寫序，胡適在序言裡評價燕京學術時，特意向洪業致敬，說洪業「功勞特別大」。

劉廷芳感情容易激動，天馬行空，洪業卻有著學者的嚴謹，兩個好朋友因此不免隔閡，但並沒有影響他們之間的合作，洪業在燕京以快刀斬亂麻的方式提升燕大學術水準，背後的「撐腰人」正是劉廷芳。

洪業以極為嚴苛的態度在燕大建立起學分制，不符合標準的學生，會被他不留情面的「請出學校」。洪業之所以如此嚴厲，與當時社會對於燕京大學的看法有關，當時的燕大，恰如清華創辦之時的情況：有學術名氣而無學術地位。就如一家創業公司，大家都知道你創業，但是卻不掙錢，沒有影響力。

做為教務長，洪業必須「狠」。甚至狠到動了校長的人：傅涇波。那是另外一個故事。

從洪業來到燕大，這所大學的格局初步形成：司徒雷登總攬全域，劉廷芳負責延攬人才，洪業負責學術。

三駕馬車，並駕齊驅，在燕大初期，校務主要是由他們仨主持。

傅涇波：站在司徒雷登背後的人

司徒雷登在中國長大，他深知中國是一個人情社會。要在中國做成一件事情，僅靠在內部努力是不夠的，還需要在外部打開局面。

現在，燕京大學可以說是萬事俱備，只欠東風。

這個東風，就是傅涇波，被洪業開除出燕京的學生。洪業在晚年說起這件事，「我到現在還不知道做得對不對」。

「傅涇波有個特殊的本，無論在任何政治局勢下的重要人物，他都有辦法接近。有時是通過這要人的兒女，有時通過姨太太，他總之有辦法。」

傅涇波出生於滿族正紅旗的一個貴族之家。他的父親傅瑞卿與司徒雷登早就熟識。

傅涇波認識司徒雷登的時候，已經十八歲了，正在北京大學讀書，任俠好客，「結交五都雄」，在沙灘紅樓，處處都是他的朋友，說出來嚇人一跳：胡適、陳獨秀、李大釗，甚至連校長蔡元培的辦公室，傅涇波也是常常出入。

這並不是傅涇波交際圈的全部，後來成為國民黨四大元老的李石曾和吳稚暉（加上蔡元培，傅涇波認識四分之三）、尚未步入政壇的山西巨富孔祥熙、在南開中學讀書的周恩來，都和他有密切的來往。

最神奇的是，他甚至還通過溥儀的英籍老師莊士敦，去謁見過當時仍受到民國政府優待住在故宮裡面的遜位皇帝。

對比自己年長很多的司徒雷登，傅涇波一見如故，司徒雷登也驚喜的發現，傅涇波身上，「好像從他那世代都是高官的祖先那裡繼承了一種政治上的才智，他生來就有一種通曉官場心理學的本能。」

初次見面之後沒有多久，司徒雷登跟傅涇波說起，他最大的心願就是把燕京大學辦成一所中國化的大學，一所生根於中國、為中國服務、有中國人管理和支援的大學，而不是沿襲傳統教會大學的模式。司徒雷登進而說，達到這個目標的唯一途徑就是要和中國社會溝通，這樣他們自然樂於拿出精神和物質來支持。然而，他對於如何辦好一所大學以及爭取美國方面的支持都沒有相當的把握，他也不知道怎麼樣去和中國社會溝通。但是這個工作又必須進行。

司徒雷登說完這一切，問在他面前安靜傾聽的傅涇波：「你是否願意幫助我從事這項工作？」

傅涇波一時間不知道怎麼回答。

幾天後傅涇波決定答應司徒雷登，但是有三個條件：

（一）除差旅費外不接受任何薪酬；

（二）不參與燕京大學的任何校內事務；

（三）只對司徒一個人負責。

傅涇波條件，也正好符合司徒雷登的設想：要打通中國社會，事事以燕京大學的名義並不相宜，但這個人，又必須能充分代表司徒雷登。傅涇波對自己與燕京若即若離的關係設定，恰如其分。

一個系統的運轉，常常需要一個游離在系統秩序之外的人。對於燕大來說，這個人就是傅涇波。

一九二〇年，司徒雷登到燕大已經快一年了，財務、人事、和專業方面的佈局已經完成，他需要打開局面了。傅涇波為他在盔甲廠（燕京大學舊址）的住宅裡召集了一場十二個人出席的晚宴，括蔡元培、蔣夢麟、周貽春……當時最負盛名的學者和一流大學的校長幾乎一網打盡。

教育界知道了一個叫司徒雷登的校長，他正在帶領剛剛創辦的燕京大學，向一流大學邁進。

司徒雷登，也在用這場晚宴向教育界宣告：我來了！

在日後的歲月中，正是因為有了傅涇波，司徒雷登才和中國政界的各路人馬，建立了聯繫，並由此帶動了燕京大學地位的迅速提升。

燕京大學為什麼成功

一九五二年，院系調整在中國展開，這場運動，深刻地影響了中國的教育走向，對於教會大學來說，面臨的是被撤銷的命運。當年十月，北大從沙灘紅樓搬進燕園，「燕京大學」成為歷史的名詞和數代燕京人不能忘卻的舊夢。

在此之前的一九四六年，司徒雷登由於多年主持燕京大學所獲得的國際聲望，被美國政府任命為駐華大使，傅涇波跟隨他一起離開燕園。

長袖善舞的劉廷芳，之所以不介意「好兄弟」洪業的暗中較力，一個重要的原因是其志不止於燕京。

一九二五年，劉廷芳以其在宗教界的巨大聲望，促使孫中山的葬禮以基督教儀式舉行，與公子孫科接下緣分，一九三六年，應孫科之請，劉廷芳出任立法委員，離開了燕京大學，轉入政界。

亨利路斯，在燕京大學搬入新址的一九二六年，身體每況愈下，於次年掛冠而去。

洪業，一九四六年應哈佛大學之邀赴美講學，因中國內戰爆發，留居美國。

風雲際會之後，各奔東西。再次相聚之時，已經是在司徒雷登的葬禮上。

早在一九一九年，在司徒雷登從南京到北京赴任的路上，關於燕京大學的想法已經形成。在之後的歲月中，作為創始人，司徒雷登所有的努力，都是為一步步靠近自己心中設置的目標。他的堅持和妥協，皆源於此。

他拉著老朋友亨利路斯陪他去北京考察，回想起來，恰恰是未雨綢繆，幫助劉廷芳赴美爭取獎學金，也是。

司徒雷登不是一個天生的領導者，但他有一種本事：總是能敏銳的發現身邊人的長處，並能使他們發揮的淋漓盡致。

在燕京存在的三十三年裡，根據燕京存留的學生檔案顯示，先後在校的學生總數不足一萬人，但現代中國各個領域內的頂尖人物，盡出於此：

以代表中國科技最高學術水準的中科院和工程院而言，燕大出了五七個兩院院士；

在醫學界執牛耳地位的曾憲九、吳階平、吳蔚然、黃家駟、方圻都是出自燕京的醫預系；

二戰結束後，在美國密蘇裡號軍艦上舉行受降儀式，中國派出的三位元記者竟然都是燕京同窗；

外交方面，燕大的成就更加令人咋舌，做過外交部部長的黃華，曾經為中英談判和香港回歸立下汗馬功勞的周南，還有負責澳門回歸事務的國務院港澳辦公室副主任陳滋英，都是燕京學子，一九七九年鄧小平訪美，代表團二一人，集中了當時的中國精英，其中就有七名當年的燕京學生。

我們非常熟悉的作家冰心、許地山、凌淑華，物理學家袁家騮、英國籍女作家韓素音、以及活躍在當下學術思想界的余英時、江平和資中筠諸多大家，也悉出燕京門下；

……

人們習慣於把燕京的成功歸結為民國的大環境，這當然沒錯。但是在同樣的大環境下，為什麼獨獨是燕京大學？為什麼獨獨是司徒雷登？

只有不懂的方法的人，才把別人的成功歸結為大環境。

司徒雷登的起點，是在順境之中嗎？

一個一無所有的爛攤子，還有教會的掣肘，以及，中西文化的隔膜……還有，在燕京大學發展的過程中，至少有三次生死存亡的關口：在中國興起的非基督教運動以及隨之而來的回收教育權運動，中日戰爭爆發之時，日本對於燕大又虎視眈眈。

面對困難和危及，司徒雷登的選擇是找出相應的辦法，使之變為有利因素。司徒雷登用他的行為，詮釋了一個成語：順勢而為。

沒有錢，他找到能幫他找錢的老朋友亨利路斯。

缺人才，他找到了善於發現人才的劉廷芳。

得財和得才，是燕大成功的基礎。

使燕大進一步走向成功的，是得勢。

在這方面，幫助司徒雷登的人是傅涇波。

早在燕京大學創辦之初，司徒雷登就「努力著手同中國官員交朋友」，以便獲取這些掌握著廣泛資源的政治人物的支持。

有傳溼波在，司徒雷登幾乎沒有見不到的人：陝西軍閥陳樹藩、北京政府總理顏惠慶、山西省省長閻錫山、山東省省長韓複榘、奉系領袖張作霖以及少帥張學良，還有當時中國的最高領袖蔣介石。

張學良改旗易幟，司徒雷登居中出力甚多，這讓他與蔣介石結下了深厚友誼，蔣介石兩度登上《時代》週刊的封面，而《時代》創辦人正是司徒雷登的老搭檔亨利路斯的長子。

默默耕耘，總會有收割的時刻，一九二八年，經過與哈佛連袂成立哈佛燕京學社，燕大已經是一所馳名中外的大學，但是燕大學生畢業之後求職時卻常常被政府部門拒之門外。有一次，蔣介石請司徒雷登為他和韓複榘做調停人，司徒雷登乘機向蔣發出抱怨。

聰明人之間，常常有一種不用言明的默契。蔣介石立即為司徒雷登在南京勵志社安排了一場演講。雖然蔣介石因事未能親自主持，但是在行政院長汪精衛的率領下，包括宋子文、孔祥熙、何應欽、陳誠在內的各院部和三軍負責人，悉數出席。其規模之隆重，接待外國元首，也不過如此。

從此之後，對於燕大的畢業生，南京政府各部門爭相錄用。

人們常常用「嘔心瀝血」來形容一個人對於一項事業的投入，但是在回憶起創辦燕大的時候，司徒雷登卻說，自己「什麼都沒有幹」，只是給身處燕園的人們一個環境，一個「自由空間，讓他們盡情發揮」。

「嘔心瀝血」的崇禎皇帝讓大明王朝亡於己手，「勵精圖治」的光緒皇帝葬送了大清王朝，「什麼都沒幹」的司徒雷登卻創造了一所大學的輝煌。

方法，很重要。

Do人物82　PC1060

遙想當年人物

──黃永厚、余英時、李澤厚、唐德剛等14位學人往事

作　　者／陳　遠
責任編輯／石書豪
圖文排版／蔡忠翰
封面設計／劉肇昇

出版策劃／獨立作家
發 行 人／宋政坤
法律顧問／毛國樑　律師
製作發行／秀威資訊科技股份有限公司
地址：114 台北市內湖區瑞光路76巷65號1樓
電話：+886-2-2796-3638　傳真：+886-2-2796-1377
服務信箱：service@showwe.com.tw
展售門市／國家書店【松江門市】
地址：104 台北市中山區松江路209號1樓
電話：+886-2-2518-0207　傳真：+886-2-2518-0778
網路訂購／秀威網路書店：https://store.showwe.tw
國家網路書店：https://www.govbooks.com.tw

出版日期／2022年9月　BOD一版　**定價**／260元

|獨立|作家|
Independent Author
寫自己的故事，唱自己的歌

讀者回函卡

遙想當年人物：黃永厚、余英時、李澤厚、唐德剛等14位學人往事 / 陳遠作. -- 一版. -- 臺北市：獨立作家, 2022.09
面；　公分. -- (Do人物 ; 82)
BOD版
ISBN 978-626-96328-1-7(平裝)

1.CST: 人物志 2.CST: 傳記

781　　111011413

國家圖書館出版品預行編目